T0209618

essentials

essentials liefern aktuelles Wissen in konzentrierter Form. Die Essenz dessen, worauf es als „State-of-the-Art" in der gegenwärtigen Fachdiskussion oder in der Praxis ankommt. *essentials* informieren schnell, unkompliziert und verständlich

- als Einführung in ein aktuelles Thema aus Ihrem Fachgebiet
- als Einstieg in ein für Sie noch unbekanntes Themenfeld
- als Einblick, um zum Thema mitreden zu können

Die Bücher in elektronischer und gedruckter Form bringen das Fachwissen von Springerautor*innen kompakt zur Darstellung. Sie sind besonders für die Nutzung als eBook auf Tablet-PCs, eBook-Readern und Smartphones geeignet. *essentials* sind Wissensbausteine aus den Wirtschafts-, Sozial- und Geisteswissenschaften, aus Technik und Naturwissenschaften sowie aus Medizin, Psychologie und Gesundheitsberufen. Von renommierten Autor*innen aller Springer-Verlagsmarken.

Weitere Bände in der Reihe https://link.springer.com/bookseries/13088

Dirk Ehnts

Modern Monetary Theory

Eine Einführung

Dirk Ehnts
Berlin, Deutschland

ISSN 2197-6708   ISSN 2197-6716 (electronic)
essentials
ISBN 978-3-658-36487-8   ISBN 978-3-658-36488-5 (eBook)
https://doi.org/10.1007/978-3-658-36488-5

Die Deutsche Nationalbibliothek verzeichnet diese Publikation in der Deutschen Nationalbibliografie; detaillierte bibliografische Daten sind im Internet über http://dnb.d-nb.de abrufbar.

Planung/Lektorat: Nora Valussi
Springer Gabler ist ein Imprint der eingetragenen Gesellschaft Springer Fachmedien Wiesbaden GmbH und ist ein Teil von Springer Nature.
Die Anschrift der Gesellschaft ist: Abraham-Lincoln-Str. 46, 65189 Wiesbaden, Germany

Was Sie in diesem *essential* finden können

- Zentralbanken, Banken und Regierungen können Geld schöpfen. Dieses essential erläutert, wie das funktioniert.
- Private Schulden sind etwas völlig anderes als Staatsschulden, bei denen es sich um Geld für zukünftige Steuerzahlungen handelt. Es wird erklärt, warum Geld für uns letztlich eine Steuergutschrift ist und warum es kein „Steuerzahler-Geld" (Thatcher 1983) gibt.
- Ausgaben erzeugen im Wirtschaftskreislauf Einnahmen in gleicher Höhe, Defizite führen zu Schulden. Dabei können nicht alle drei Sektoren der Wirtschaft (privater Sektor, Staat und Ausland) gleichzeitig sparen.
- Preisstabilität, Vollbeschäftigung und nachhaltige Ressourcennutzung ergeben sich nicht von allein. Es wird beschrieben, wie Wirtschaftspolitik eingesetzt werden kann, um diese Ziele zu erreichen.

Inhaltsverzeichnis

1   **Einleitung** 1

2   **Die Regierung Biden und die kopernikanische Wende** 3

3   **Modern Monetary Theory als Teil der Volkswirtschaftslehre** 9
    3.1   Die Geldpolitik des Inflationsziels 12
    3.2   Staatsausgaben 14
    3.3   Staatsanleihen 17
    3.4   Der internationale Handel 22
    3.5   Die sektoralen Salden, Wechselkurse und Lohnstückkosten 26

4   **Was ist Wirtschaftspolitik?** 31
    4.1   Theorie und Praxis 31
    4.2   Der Einkommenskreislauf 33

5   **Wirtschaftspolitik auf Grundlage der MMT** 37
    5.1   Wie sorgen wir für Vollbeschäftigung? 38
    5.2   Wie sorgen wir für Preisstabilität? 42
    5.3   Die Jobgarantie 46

6   **Ausblick** 49

Literatur 55

Einleitung 1

Die Modern Monetary Theory existiert bereits seit mehr als einem Vierteljahrhundert. Die Beschäftigung mit Fragen der Wirtschaft im Allgemeinen ist nicht selbstverständlich, und zumeist bedarf es dazu eines besonderen Anlasses. Für Warren Mosler, den Begründer der Modern Monetary Theory, war der entscheidende Anlass die wirtschaftlichen Krisen in der Türkei und Italien Anfang der 1990er.[1] Beide Länder befanden sich in politischen Turbulenzen. Anleger*innen befürchteten, die Staaten könnten die Staatsanleihen bei Fälligkeit nicht zurückzahlen und versuchten deshalb, diese zu verkaufen.[2] Mosler beobachtete, dass Italien und die Türkei ihre Staatsanleihen bei Fälligkeit stets bedienen konnten und auch neue ausgaben. Beide Staaten hatten offenbar solange keine Zahlungsprobleme, wie ihre eigenen Zentralbanken sie unterstützten. Diese und weitere Einsichten verarbeitete er in einem kleinen Buch und suchte den Kontakt zu akademischen Ökonomen.[3] Das war der Beginn der Modern Monetary Theory – MMT.[4]

Die ersten, die sich mit den Ideen von Warren Mosler beschäftigten, waren Stephanie Kelton, Pavlina Tcherneva, Randall Wray, Bill Mitchell, Mat Forstater, Martin Watts und Scott Fullwiler. Später kamen Yeva Nersisyan, Fadhel

---

[1] Vgl. Mosler (2017, S. 139).

[2] Dass die beiden Währung Lira hießen, war dabei nur ein Zufall.

[3] Vgl. https://econwpa.ub.uni-muenchen.de/econ-wp/mac/papers/9502/9502007.txt.

[4] Diese Ereignisse geschahen Mitte der 1990er Jahre.

© Der/die Autor(en), exklusiv lizenziert durch Springer Fachmedien Wiesbaden GmbH, ein Teil von Springer Nature 2022
D. Ehnts, *Modern Monetary Theory*, essentials,
https://doi.org/10.1007/978-3-658-36488-5_1

Kaboub, Rohan Grey sowie Christine Desan dazu.[5] Sie schrieben wissenschaftliche Artikel, Bücher und Internet-Blogs und veröffentlichten Videos, um die neue Geldtheorie bekannt zu machen. Heute ist MMT in den USA populär, Vorschläge wie der Green New Deal mit der Job Guarantee werden in der Öffentlichkeit diskutiert. Selbst die Idee, dass das Finanzministerium der USA ihrer Zentralbank eine Platinum-Münze verkauft und so die Schuldenobergrenze umgeht, erfreut sich im Oktober 2021 breiter Zustimmung (Grey 2020). Jedes Jahr findet eine MMT-Konferenz statt, 2018 an der New School for Social Research in New York und 2019 an der Stony Brooks University. Im Februar 2019 habe ich im Namen der gemeinnützigen Samuel-Pufendorf-Gesellschaft für politische Ökonomie e. V. die 1. Internationale Europäische MMT-Konferenz in Berlin ausgerichtet, die zweite hat vom 13.–15. September 2021 stattgefunden.[6] MMT wird inzwischen auch in Deutschland diskutiert.[7]

2010 traf ich Randall Wray auf einer Konferenz in Berlin, der mich auf die MMT-Blogs New Economic Perspectives[8] und Billy blog[9] aufmerksam machte. Ich kommentierte die Kapitel, die er online vorstellte, und bot ihm an, das Buch ins Deutsche zu übersetzen.[10] Jedoch lehnte der Verlag dies ab, sodass ich mich entschloss, ein eigenes Buch über die Geldschöpfung in der Eurozone zu schreiben. Daraus entstand „Geld und Kredit: Eine €-päische Perspektive", das ich 2014 veröffentlichte und das dann 2016 – in englischer Übersetzung – unter dem Titel „Modern Monetary Theory and European Macroeconomics" erschien (Ehnts 2017). Was bisher auf dem deutschen Markt noch gänzlich fehlt, ist eine kompakte Einführung in die Theorien, Grundannahmen und wirtschaftspolitischen Schlussfolgerungen der MMT. Diese Lücke soll mit diesem Buch geschlossen werden. Es richtet sich an Wissenschaftler*innen, Studierende und alle weiteren am Thema interessierten Leser*innen.

---

[5] Vgl. Mosler (1995, 1998, 2017), Kelton (2020), Tcherneva (2021), Wray et al. (2019), Mitchell und Muysken (2008), Mitchell (2017), Mitchell und Fazi (2017), Forstater und Murray (2013), Fullwiler (2017), Nersisyan und Wray (2021), Kaboub (2007), Grey (2020) und Desan (2014).

[6] Die Videos finden sich unter https://www.pufendorf-gesellschaft.org/mmt21.

[7] Vgl. https://www.focus.de/finanzen/boerse/konjunktur/modern-monetary-theory-neue-gel dpolitik-sind-staatliche-finanzierungsengpaesse-ueberholt_id_11635354.html und https://www.pufendorf-gesellschaft.org/post/volles-interview-der-sz-mit-stephanie-kelton-geld-ist-zum-schöpfen-da-16-12-2018. Ehnts (2020) bietet eine deutschsprachige Einführung in MMT ebenso wie Höfgen (2020).

[8] Vgl. http://neweconomicperspectives.org.

[9] Vgl. http://bilbo.economicoutlook.net/blog/.

[10] Vgl. Wray (2014).

Die Regierung Biden und die kopernikanische Wende

Das Jahr 2021 ist das Jahr, in dem nach einer groß angelegten Impfkampagne die Wirtschaft wieder angesprungen ist. Behindert durch die Lockdowns und anderen Maßnahmen sowie die Tatsache, dass Einkaufen im Laden wochenlang schlicht nicht erlaubt war, hatten die Unternehmen 2020 weniger produziert als noch 2019 und entsprechend einen geringeren Bedarf an Arbeitskräften. Dies traf auf so gut wie alle Länder unserer Erde zu. Die Arbeitslosenquote betrug im April 2020 in den USA 14,8 %.[1] Die Nachfrage nach Gütern und Dienstleistungen war im ersten Quartal des Jahres 2020 eingebrochen, die Unternehmen hatten Arbeitskräfte freigesetzt. Die Arbeitslosen schränkten ihren Konsum ein und die Unternehmen merkten, dass sie ihre Produktion nicht mehr verkaufen konnten.

Preis- und Lohnsenkungen blieben erfolglos. Geringere Preise führten zwar zu höheren Verkäufen, aber dafür brachen die Gewinne weg und die Unternehmen bekamen Probleme, ihre Kredite zurückzuzahlen, mit denen sie die Produktion finanziert hatten. Geringere Löhne erhöhten zwar theoretisch den Gewinn, senkten aber auch die Nachfrage nach Gütern und Dienstleistungen, da die Arbeitskräfte weniger Einkommen erzielten. Ein Teufelskreis entstand. Es war klar, dass die privaten Unternehmen Hilfe brauchten, sonst würden immer mehr US-Bürger*innen arbeitslos werden, während gleichzeitig die Unternehmen ihre Produktion weiter herunterfuhren, weil diese nicht vollständig abverkauft wurde. Die Idee eines Gleichgewichts im Markt, zu dem Verkäufer und Käufer zufrieden sind mit Angebot und Nachfrage, musste aufgegeben werden. Der Markt reguliert sich nicht selbst, sondern stürzt uns in eine Abwärtsspirale.

---

[1] https://fred.stlouisfed.org/series/UNRATE

D. Ehnts, *Modern Monetary Theory*, essentials, https://doi.org/10.1007/978-3-658-36488-5_2

Wirtschaftspolitik zur Stabilisierung

Die Regierung Biden wusste, dass nun staatliches Handeln gefragt war. Wenn die Unternehmen pessimistisch sind, wollen sie mehr sparen und weniger investieren. Sie haben Angst, ihre Kredite bei den Banken und die Anleihen bei den Anleger*innen nicht mehr zurückzahlen zu können. Damit würden die Unternehmen in die Insolvenz stürzen – kein schöner Ausblick. Also reduzierten die Unternehmen ihre Ausgaben. Sie kürzten Investitionen, die aufgrund der schwachen Nachfrage nach ihren Produkten sowieso wenig Aussicht auf Rendite hatten.

Dies allerdings führte zu einem Problem. Wenn die Unternehmen ihre Ausgaben kürzen, dann kürzen sie anderswo die Einnahmen. Schließlich sind die Ausgaben des einen die Einkommen des anderen. Und wenn der andere weniger oder gar kein Einkommen mehr bezieht, kann nur weniger oder gar nicht gespart werden. In diesem Fall führt eine Erhöhung der Ersparnis des einen zu einer Reduktion der Ersparnis anderswo in der Wirtschaft. Die Bundesregierung der USA stabilisierte mit zusätzlichen Ausgaben die Wirtschaft, indem sie mehr Güter und Dienstleistungen kaufte. Damit sicherte sie bestehende Arbeitsplätze und schuf auch neue. Die Unternehmen reagierten mit einer Ausweitung der Produktion und stellten wieder Arbeitskräfte ein. Dies wirkte auf den Wirtschaftskreislauf, denn nun hatten wieder mehr Bürger*innen Arbeit und konnten mehr konsumieren, was wiederum die Unternehmen veranlasste, mehr Arbeitskräfte einzustellen. Der Teufelskreis war durchbrochen – die Wirtschaft erholt sich, die Beschäftigung steigt, die Arbeitslosenquote fällt.

Kann dem Staat das Geld ausgehen?

Die große Frage, die sich nun stellte, war eine theoretische: Konnte die Regierung Biden die Staatsausgaben einfach um den gewünschten Betrag erhöhen? Da in der Folge der durch die Pandemie ausgelösten Wirtschaftskrise die Steuereinnahmen eingebrochen waren, verzeichnete die Bundesregierung der USA im 2. Quartal des Jahres 2020 ein Defizit von fast zwanzig Prozent des Bruttoinlandsproduktes![2] War die US-Regierung in der Lage, ihre Defizite problemlos zu finanzieren?

Eine Befragung der „Initiative on Global Markets" an der Booth School of Business an der University of Chicago konfrontierte seine Ökonominnen und Ökonomen mit der Feststellung:[3] „Länder, die sich in eigener Währung verschulden, sollten sich nicht über staatliche Defizite sorgen, denn sie können immer Geld schöpfen, um ihre Schulden zu finanzieren." Von den mehr als vierzig Befragten äußerte kein einziger

---

[2] https://covid19policy.adb.org/sector-financial-balances/economies

[3] https://www.igmchicago.org/surveys/modern-monetary-theory/

Zustimmung – 36 % stimmten der Feststellung nicht zu, 52 % stimmten der Feststellung überhaupt nicht zu. Einige hatten keine Meinung und zehn Prozent antworten nicht.

Wenn die befragten Ökonom*innen Recht gehabt hätten, dann wäre die Lage der Regierung Biden brenzlig. Eventuell würde sie ihre Mehrausgaben gar nicht finanzieren können. Damit wäre eine staatliche Antwort auf die Wirtschaftskrise unmöglich, denn diese hätte wohl eine Zahlungsunfähigkeit der US-Regierung zur Folge gehabt. Investor*innen würden US-amerikanische Staatsanleihen abstoßen, die Zinsen würden ansteigen und ein Bankrott wäre unvermeidbar. Die Politik, angewiesen auf die Finanzmärkte, hätte kapitulieren müssen. Allerdings kam es ganz anders.

Neue Wirtschaftspolitik

Die Regierung Biden verabschiedete gleich mehrere Ausgabenpakete zur Krisenbekämpfung und zur Instandsetzung der Infrastruktur im Wert von jeweils mehreren Billionen (Tausenden Milliarden) US-Dollar. Der Kontostand der US-Regierung betrug zeitweise fast 2 Billionen US\$.[4] Der Preis der Staatsanleihen blieb unverändert, weil die Zentralbank der USA ein Ankaufprogramm startete.[5] Eine staatliche Zahlungsunfähigkeit der USA wurde nie diskutiert.[6] Dabei hatte die US-Regierung mal eben ihren Schuldenstand von 108 % des Bruttoinlandsprodukts (BIP) auf 136 % des BIP getrieben – innerhalb eines Quartals! Wie kann es sein, dass eine Erhöhung der Staatsverschuldung um 28 % innerhalb von drei Monaten keine massiven negativen Auswirkungen auf die Wirtschaft gehabt hatte? Wieso waren die Auswirkungen sogar positiv?

Die alte Theorie der Staatsfinanzierung brach zusammen. Anscheinend kann der US-Regierung das Geld nicht ausgehen. Die Idee, dass es sich beim Haushalt einer Bundesregierung um etwas ähnliches handelte wie beim Haushalt einer schwäbischen Hausfrau, wurde aufgegeben. Es kam zu einer kopernikanischen Wende: Die empirischen Fakten wurden neu gedeutet. Die Linse, die dies ermöglicht, ist die Modern Monetary Theory (MMT). Bevor diese Theorie in den restlichen Kapiteln erklärt wird, sollen ein paar Zitate des Vorsitzenden des Haushaltsausschusses des US-Repräsentantenhauses, des Demokraten John Yarmuth aus Kentucky, als

---

[4] https://fred.stlouisfed.org/series/FGCDCAQ027S
[5] Vgl. Clarida et al. (2021, S. 4).
[6] Erst im Herbst 2021 gab es eine Diskussion über Zahlungsunfähigkeit, die aber mit der Schuldenobergrenze zusammenhängt.

Vorgriff dienen. Das Parlamentsfernsehen C-SPAN befragte ihn zu Defiziten und Staatsschulden.[7] Das Interview enthält folgende Ausführungen:[8]

Übersicht

Greta Brawner (C-SPAN): Also, Vorsitzender Yarmuth, wie können wir 6 Billionen US-Dollar ausgeben und all das andere Geld, das Präsident Biden ausgeben will? Wie können wir uns das leisten?

John Yarmuth: Wir können es uns leisten, weil wir bestimmen, wie viel Geld im System ist – auf Bundesebene. Die Bundesregierung ist nicht wie jeder andere Nutzer von Währung, nicht wie jeder Haushalt, jedes Unternehmen, jede staatliche oder lokale Regierung. Wir geben unsere eigene Währung aus, und wir können genug ausgeben, um die Bedürfnisse des amerikanischen Volkes zu befriedigen – die einzige Einschränkung ist, dass wir uns um die Wirkung dieser Ausgaben auf die Inflation sorgen müssen. [..]

Greta Brawner: Warum liegen die Menschen in dieser Frage falsch? Wie sollten wir über Schulden und Defizite denken?

John Yarmuth: Nun, ich bekomme dafür keine Tantiemen, aber ich würde ein Werk namens „The Deficit Myth" von Stephanie Kelton – einer Wirtschaftswissenschaftlerin und Professorin – anpreisen.[9] Und es ist tatsächlich ein Bestseller geworden. Sie sagt: „Wenn man sich die gesamte Staatsverschuldung ansieht, 28 Billionen US-Dollar im Moment", was wir als Staatsverschuldung ansehen, sagt sie, „sehen Sie es nicht als Schulden an. Betrachten Sie es als all das Geld, das die Bundesregierung im Laufe unserer Geschichte in das Land investiert hat – abzüglich der Steuern". Und das ist es, was es wirklich ist. Ich meine, diese 28 Billionen US-Dollar gab es nicht – bevor die Bundesregierung sie ausgegeben hat. Die Bundesregierung hat also die Möglichkeit, Geld zu schöpfen [..] und genau das haben wir getan und werden es auch weiterhin tun.

---

[7] https://www.c-span.org/video/?512625-5/washington-journal-rep-john-yarmuth-d-ky-discusses-president-bidens-fy-2022-budget-request

[8] https://medium.com/@KellyGerling/rep-john-yarmuth-d-ky-03-talks-about-mmt-to-answer-what-do-the-american-people-need-us-to-do-da9a4f84ec98

[9] Vgl. Kelton (2020).

Der erste wichtige Punkt ist die Unterscheidung zwischen Nutzer*innen des Geldes und dem Schöpfer des Geldes. Im ersten Absatz erklärt Yarmuth, dass die Bundesregierung der USA bestimmen kann, wie viel Geld sie mit ihren Ausgaben schöpfen möchte. Inflation kann dabei ein Problem sein, aber eine Knappheit des Geldes anscheinend nicht. Im zweiten Absatz erklärt Yarmuth nach einem Hinweis auf das Buch der MMT-Ökonomin Stephanie Kelton, dass es keine Staatsverschuldung gibt. Bei den 28 Billionen US-Dollar, die üblicherweise als solche bezeichnet werden, würde es sich lediglich um Geld handeln, welches von der US-Regierung ausgegeben wurde und noch nicht über Steuern wieder eingezogen wurde. Die US-Regierung kann, so Yarmuth weiter, Geld schöpfen.

Die kopernikanische Wende
Damit vollzieht die MMT die bereits angesprochene kopernikanische Wende. Staatsausgaben, Steuern, Staatsanleihen, Zinsen, Inflation – all das kannten wir schon. Nun sehen wir es aus einer neuen Perspektive. Zentral ist die Einsicht, dass der Staat ein Währungsmonopol innehat. Ähnlich, wie einem Kino die Eintrittskarten nicht ausgehen können, kann einer Bundesregierung das eigene Geld nicht ausgehen. Das heißt natürlich nicht, dass sie unendlich viel davon ausgeben sollte. Die Einsicht ist viel eher, dass eine Knappheit von Geld für den Staat nicht vorliegt und daher die Frage, wie Staatsausgaben bezahlt werden, sehr einfach beantwortet werden kann: Mit staatlichem Geld, welches durch Ausgaben neu geschaffen wird. Die Details werden in den weiteren Kapiteln erklärt.

Die neue Perspektive entzaubert die Vorstellung, dass die Steuerzahler*innen die Staatsausgaben finanziert. Da der Staat bei seinen Ausgaben immer neues Geld schöpft, dienen Steuern genauso wenig der Finanzierung wie Staatsanleihen. Es gibt in Wirklichkeit keine „Finanzierung des Staats". Dieser erzeugt immer neues Geld mit seinen Ausgaben, welches dann über Steuerzahlungen und Zahlungen für Staatsanleihen an ihn zurückfließt. Wer Geld schöpfen kann, der muss nicht „finanzieren", also Einnahmen erzielen, um Ausgaben tätigen zu können. Das bedeutet nicht, dass Steuern und Staatsanleihen nutzlos wären – ganz im Gegenteil!

Steuern dienen der Akzeptanz einer Währung und auch zur Wahrung der Demokratie, indem extreme Ungleichheit von Einkommen und Vermögen vermieden werden können. Ohne Steuern würden wir vielleicht gar keine Zahlungen in unserer Währung akzeptieren. Warum sollten wir für Euros Arbeit anbieten oder Güter und Dienstleistungen? Es gibt doch schon genug Währungen. Warum nehmen wir nicht einfach den Schweizer Franken oder die tschechische Krone? Oder den US-Dollar oder das britische Pfund? Es sind die Steuerzahlungen in Euro, die der Staat uns aufzwingt und die eine Nachfrage nach Euro erzeugen. Sicherlich würden die meisten von uns einfach so Euros akzeptieren, aber nur weil es andere auch tun. Irgendjemand muss aber einen Grund dafür gehabt haben und ein Grund sind Steuerzahlungen. Staatsanleihen dienen ebenfalls nicht der Finanzierung. Die Käufer der Staatsanleihen tauschen quasi Einlagen bei der Zentralbank gegen (besser) verzinste Anleihen. Damit verändert sich die Menge an Zentralbankgeld und gegebenenfalls auch der Zins am Interbankenmarkt. Staatsanleihen dienen der Zinssetzung. Wenn der Staat den Anleger*innen einen Zins ohne Risiko verspricht, dann müssen private Anleger einen höheren Zins offerieren, um sich Geld zu leihen. Banken können Staatsanleihen nur mit staatlichem Geld kaufen. Also muss der Staat erst Geld in den Kreislauf geben, bevor es über die Verkäufe von Staatsanleihen wieder zu ihm zurückfließen kann.

Modern Monetary Theory als Teil der Volkswirtschaftslehre 3

MMT hat die Welt nicht neu erfunden, sondern knüpft – meist unbewusst – an ältere ökonomische Theorien an bzw. gelangt zu den gleichen Schlussfolgerungen. So war z. B. der deutsche Ökonom Georg Friedrich Knapp, der 1905 das Buch „Staatliche Theorie des Geldes" veröffentlicht hatte, Warren Mosler unbekannt, obwohl Knapps Buch mit dem Satz beginnt:[1]

> „Das Geld ist ein Geschöpf der Rechtsordnung; ..."

Knapp hatte verstanden, dass durch den Staat emittiertes Papiergeld von den Steuerzahler*innen an den Staat zurückfließt und für die Geldfunktion eine Deckung in Gold oder anderen Metallen nicht begriffsnotwendig ist.[2] Dies unterscheidet ihn übrigens von Karl Marx, der in Band 1 von „Das Kapital" schreibt: „Es handelt sich hier nur um Staatspapiergeld mit Zwangskurs. Es wächst unmittelbar aus der metallischen Zirkulation heraus."[3] Seine Geldtheorie ist nicht kompatibel mit der MMT, bei welcher das staatliche Geld keine Folge einer metallischen Zirkulation ist.

Aussagen anderer Ökonom*innen wurden für die Zwecke von MMT als Ideenbaukasten (eklektischer Empirismus) adaptiert, nachdem ihre Ideen wiederentdeckt wurden. Hierzu gehören etwa die Idee der schöpferischen Zerstörung im dynamischen Kapitalismus von Joseph Schumpeter oder die Theorie der effektiven Nachfrage als Triebfeder der wirtschaftlichen Entwicklung von John Maynard

---

[1] Vgl. Knapp (1905, S. 1).

[2] Knapp weist bereits am Ende der ersten Seite seines Buches darauf hin, dass er kein Verfechter des ungedeckten Papiergelds sei.

[3] Vgl. Marx (1914, S. 85).

D. Ehnts, *Modern Monetary Theory*, essentials, https://doi.org/10.1007/978-3-658-36488-5_3

Keynes.[4] Weitere Theorien, die MMT in Teilen wiederbelebt und ergänzt, betreffen die rein funktionale Betrachtung staatlicher Ausgaben nach Abba Lerner („functional finance") oder Hyman Minskys Erkenntnis, dass die Schwankungen des Konjunkturzyklus auf Finanzierungszyklen und der Investitionstätigkeit der Unternehmen beruhen, der Kapitalismus also notwendig instabil ist und deshalb der Stabilisierung durch staatliche Wirtschaftspolitik bedarf.[5] Der Begriff der Theorie wird vom Duden wie folgt definiert:

> „System wissenschaftlich begründeter Aussagen zur Erklärung bestimmter Tatsachen oder Erscheinungen und der ihnen zugrunde liegenden Gesetzlichkeiten."

Als Geldtheorie beschäftigt sich die MMT mit Tatsachen und Erscheinungen des Geldsystems:

- Wer kann Geld schöpfen?
- Wie wird Geld geschöpft?
- Welche Geldkreisläufe gibt es?
- Wie interagieren diese?
- Was erklärt unfreiwillige Arbeitslosigkeit?
- Wer bestimmt die Höhe des Zinses bzw. der Zinsen?
- Was erklärt die Inflation?
- Wie lassen sich Ziele wie Vollbeschäftigung, Preisstabilität und nachhaltige Ressourcennutzung erreichen?
- Was ist die Rolle des Staates in der Wirtschaftspolitik?

Die Linse der MMT besteht in der Nutzung der Buchhaltung, genau gesagt der doppelten Buchführung.[6] Sowohl auf der Mikroebene (Haushalte, Firmen, Banken, Zentralbank, Finanzministerium) wie auch auf der Makroebene (alle Haushalte und Firmen, der staatliche Sektor, der Rest der Welt) kommen Bilanzen zum Einsatz, auf denen Geldflüsse vermerkt werden. Die Erkenntnisse, welche auf dieser Methode beruhen, basieren auf Logik. Wenn z. B. der staatliche Sektor einen Überschuss erzielt, weil die Steuereinnahmen über den Staatsausgaben liegen, dann muss der nicht-staatliche Sektor (Haushalte, Firmen und der Rest der Welt) ein entsprechendes Defizit verzeichnen. Schließlich haben sie mehr Geld an den Staat überwiesen, als sie in Form von Staatsausgaben empfangen haben.

---

[4] Vgl. Schumpeter (2006) [1912] und Keynes 2017 [1936].
[5] Vgl. Lerner (1943, S. 38–51) und Minsky (2008).
[6] Vgl. Ehnts (2019).

Die „schwarze Null", also ein Überschuss des Staates, ist als gleichbedeutend mit einem Defizit der anderen – und das sind auch wir, als Haushalte.

Derartige Einsichten basieren auf reiner Buchhaltung. Nehmen wir noch ein bisschen Verhalten (welches immer mit Unsicherheit behaftet ist) mit dazu, dann können wir damit makroökonomische Modelle erstellen:

> Makroökonomik = Buchhaltung + Verhalten.

Wenn z. B. die Importe eines Landes abhängen vom Konsum und dieser wiederum vom Lohn abhängt, dann lässt sich relative leicht zeigen, woher Export-überschüsse rühren könnten: von der Lohnentwicklung. Entwickeln sich die Lohnzuwächse im Inland schwächer als im Ausland, dann steigen die Importe nicht so schnell wie die Exporte (die von der Lohnentwicklung im Ausland abhängen). Dies soll nur als erstes Beispiel dienen, um die Methode der Buch-führung zu erklären. Wir kommen später auf die Schlussfolgerungen der MMT für den Außenhandel zurück.

MMT und Volkswirtschaftslehre heute
Wer sich genauer mit MMT beschäftigen möchte, kann das heute nur am Bard College im US-Bundesstaat New York und an der University of Missouri in Kansas City (UMKC) tun. In Europa gibt es die Möglichkeit, an der MMT Summer School in Poznań (Polen) teilzunehmen oder an meinem Kurs bei der Maastricht Summer School. Dazu gibt es sehr viele Onlinevideos zu verschiedenen Themen.

Da es sich bei der MMT „nur" um eine Geldtheorie handelt, ist sie nach allen Seiten anschlussfähig. Wer sich beispielsweise mit den planetaren Grenzen des Wirt-schaftens beschäftigt wie Kate Raworth („Doughnut Economics"), der sollte sich auch mit dem Geld auskennen,[7] sonst könnten sich fatale Fehler in die wirtschafts-politischen Empfehlungen einschleichen. Wenn angenommen wird, dass das Geld begrenzt ist und nicht in gewünschter Höhe zur Verfügung steht, könnte der Irr-tum entstehen, dass wir uns einen sozial-ökologischen Umbau nicht leisten können. Dies ist Unsinn. Leider aber wurden Mythen wie die der schwäbischen Hausfrau jahrzehntelang verbreitet. Sie haben bei den Menschen ein schiefes Bild von der Realität hinterlassen. Insofern kann die MMT zur Aufklärung beitragen, um eine gesellschaftliche Transformation zu ermöglichen.

Ebenfalls sehr gut zu MMT passt Mariana Mazzucato mit ihren Arbeiten zur Rolle des Staates.[8] Wenn der Staat also nach Bedarf Geld ausgeben kann und nur

---

[7] Vgl. Raworth (2018).
[8] Vgl. Mazzucato (2021).

die Ressourcen (Arbeitskräfte, Land, Energie, etc., die ihm für sein Geld angeboten werden) ihn in seinem Wirken begrenzen, wie sieht denn die von MMT so vorgesehene Orientierung am Gemeinwohl in der Praxis aus? Welche Rolle nehmen privater und staatlicher Sektor ein? Inwiefern muss der Staat auch als Unternehmen denken und tätig werden? Wie bekommen wir es hin, dass staatliche Angestellte bzw. Beamte Risiken eingehen? Wie erzeugen wir eine gerechte Risikoverteilung zwischen Staat und privaten Unternehmen? Alle diese Fragen sind eminent wichtig für unser Gemeinwesen.

MMT erklärt als Kern die Funktionsweise des Geldes. Ist dies verstanden, können weitere Fragen aufgeworfen werden, die von hoher gesellschaftlicher Relevanz sind. Insofern eignet sich MMT als Ausgangspunkt, um zu staatswissenschaftlichen Fragestellungen aufzubrechen. MMT ist keine Theorie, die Antworten auf alle Fragen hat und das wird sie auch nie sein. Allerdings kann um die MMT herum eine moderne Ökonomik aufgebaut werden, die statt auf dem rationalen Individuum auf dem homo sociooeconomicus basiert, nämlich dem in soziale Strukturen eingebetteten Individuum.[9] Das Problem der Knappheit, welches aktuell die Volkswirtschaftslehre dominiert, würde damit in den Hintergrund treten. Statt einer Maximierung des Nutzens durch Konsum und des Bruttoinlandsproduktes (BIP) würden sich andere Zielvorgaben aufdrängen, wie z. B. Vollbeschäftigung, Preisstabilität und nachhaltige Ressourcennutzung.

3.1 Die Geldpolitik des Inflationsziels

Die Zentralbank kontrolliert die Zinsen, nicht die Geldmenge. Sie entscheidet, wie hoch sie die Zinsen setzen sollte. Die Idee des aktuell praktizierten Inflationsziels ist einfach. Die Höhe der Inflationsrate wird im Wesentlichen bestimmt durch die Veränderung der Lohnstückkosten, die wiederum den staatlichen Löhnen folgt. Diese werden durch die Veränderung von Produktivität und Lohn bestimmt. Wächst der Lohn schneller als die Produktivität, dann wird das Geld in der Brieftasche schneller wachsen als der Kuchen, der damit gekauft wird. Die Unternehmen merken, dass die Nachfrage nach Kuchenstücken größer ist als ihr Angebot und erhöhen die Preise der Kuchenstücke. Daraus resultiert eine höhere Inflationsrate.

---

[9] In Ehnts und Jochem (2020) haben wir eine Skizze einer solchen Neuentwicklung der Volkswirtschaftslehre skizziert.

Die Zentralbank kann nun versuchen, auf die Lohnwachstumsrate einzuwirken, indem sie die Zinsen verändert. Dabei nimmt die Zentralbank an, dass eine Erhöhung der Zinsen dazu führt, dass die Banken die Zinsen ihrerseits erhöhen. Bei gegebener Nachfrage nach Krediten müsste dies zu einer Reduktion der Kreditmenge führen denn bei höheren Zinsen lohnen sich einige Investitionen nicht mehr. Dies führt zu höherer Arbeitslosigkeit, weniger Lohndruck und in der Folge auch zu schwächerer Nachfrage nach Gütern und Dienstleistungen – die Inflationsrate fällt. Andersherum sollte bei einer Herabsetzung der Zinsen die Inflation ansteigen, da nun mehr Investitionen realisiert werden und dies den Lohndruck erhöht.

(Private) Investitionen und Zinsen
In der Realität lässt sich der negative Zusammenhang von Leitzins und privaten Investitionen allerdings nicht belegen. Während es relativ unumstritten ist, dass höhere Zinsen kurzfristig zu weniger Investitionen führen können, sind die Auswirkungen von Zinssenkungen kurz- wie auch langfristig umstritten. Während eine Zinserhöhung ziemlich sicher die Wirtschaft kurzfristig bremst, wird eine Zinssenkung kurzfristig keine klaren Auswirkungen haben. So korreliert beispielsweise die Nullzinspolitik der EZB mit einem Immobilienboom in Deutschland, nicht aber in anderen Ländern der Eurozone. Auch in Japan hat jahrzehntelange Nullzinspolitik nicht dazu geführt, dass der Aktienindex NIKKEI dort in die Höhe geschossen wäre. Er liegt heute immer noch unter dem Höchststand von 1990/1991.

Abb. 3.1 zeigt, dass die Bruttoinvestitionen des privaten Sektors über das letzte halbe Jahrhundert relativ wenig schwankten. In den 1970ern lagen sie noch bei über 25 % des BIP, seit 2000 etwa liegen sie nahe bei 20 %. Die Zinsen der Zentralbank gingen in den 1970ern nach oben, dann seit den 1980ern nach unten. Bei Einführung des Euros lag der Hauptrefinanzierungszins noch bei 3 %, heute liegt er bei 0 %. Trotzdem ist ein signifikanter Anstieg der privaten Investitionen in den letzten Jahren nicht zu erkennen. Die Idee, dass der Zins den Anteil der privaten Investitionen am BIP regelt, muss damit in der Realität als gescheitert angesehen werden.

Einige Gründe für dieses Scheitern liegen auf der Hand. Die Unternehmen führen wohl nur dann mehr Investitionen durch, wenn sie daran glauben, dass sie die zusätzliche Produktion auch absetzen können. Die Nachfrage spielt also eine große Rolle für die Unternehmen. Ein Nullzins erhöht aber die Nachfrage nicht. In dieser Situation befinden wir uns wohl seit Jahren. Die (expansive) Geldpolitik funktioniert nicht, die Zielinflation von zwei Prozent wird nicht erreicht. Auch die unkonventionelle Geldpolitik des *quantitative easing* (QE) und des Anleihenkaufs erhöht die Inflation nicht. Hierbei wird durch Anleihenkauf zusätzliches Zentralbankgeld

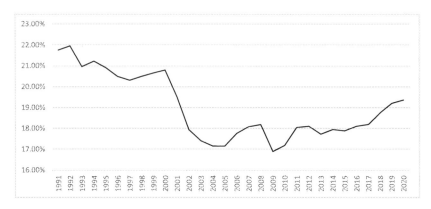

Abb. 3.1 Anteil der Bruttoinvestitionen am Bruttoinlandsprodukt in Deutschland, 1991–
2020. (Quelle: AMECO Datenbank)

geschaffen, welches die Banken aber nicht an Haushalte und Unternehmen verleihen können. Wir Haushalte haben eben keine Konten bei der Zentralbank, und daher können die Banken die Guthaben bei der Bundesbank nicht an uns weitergeben. Eine Lösung der Probleme würde über den Weg führen, dass der Staat den Unternehmen und Haushalten direkt mehr Geld zur Verfügung stellt. Diese müssten das Geld nicht zurückzahlen, womit wir bei der Fiskalpolitik angekommen sind. Während bei der Geldpolitik Geld nur verliehen wird, wird bei der Fiskalpolitik Geld ausgegeben, ohne dass eine Rückzahlung vorgesehen ist.

3.2   Staatsausgaben

Der Staat als Schöpfer des Geldes hat eine privilegierte Rolle. Als einziger Akteur in der Wirtschaft kann er seine Ausgaben unabhängig von der Höhe seiner Einnahmen tätigen. Er macht dies über seine Zentralbank. Sie bezahlt die Rechnungen der Bundesregierung, indem sie das jeweilige Guthaben auf den Konten der empfangenden Banken entsprechend erhöht. Da diese Erhöhungen der Kontostände technisch gesehen unabhängig sind von etwaigen anderen Veränderungen, ist staatliches Bezahlen aus funktionaler Sicht nur an die Zentralbank gekoppelt.

Politisch hingegen kann es durchaus Schranken geben. Eine Zentralbank könnte beispielsweise eine Vorschrift haben, nach der auf dem Konto der Regierung (in Deutschland: *Zentralkonto des Bundes*) ein nicht-negativer Kontostand vorhanden sein muss, bevor Überweisungen im Auftrag der Regierung durchgeführt werden dürfen. Das Geld entsteht letztlich im politischen Prozess, nämlich bei der Verabschiedung des Haushalts durch die Bundesregierung. Was da drin steht, darf und kann durch die Bundesregierung bezahlt werden. Alles andere wäre auch aus demokratischer Sicht höchst seltsam. Was nützt einem die Demokratie, wenn die Regierung in ihren Ausgaben beschränkt ist? Was wäre, wenn die Zentralbank die Ausgaben verweigern würde? Dies ist in der gesamten Geschichte der Bundesrepublik Deutschland nicht vorgekommen. Die Zentralbank ist als Hausbank der Bundesregierung dem Staat verpflichtet, diese finanziell entsprechend auszustatten.

Die Unabhängigkeit der Zentralbank
Die Zentralbank ist üblicherweise von der Politik unabhängig in dem Sinne, dass sie ihr Tagesgeschäft ohne Eingriffe der Politik bestreitet. Häufig jedoch wird die Unabhängigkeit falsch verstanden als weitgehende Freiheit, auf eigene Faust zu handeln oder sogar die Regierung zu überwachen. Mit einem solchen Mandat ist und war die Deutsche Bundesbank nie ausgestattet. Sie ist als Teil des deutschen Staates auch abhängig von Veränderungen der Gesetze, d. h. die Politik kann die Zentralbankgesetze verändern. Andersherum kann die Zentralbank nicht die Gesetze ändern. Sie stellt üblicherweise die Solvenz der Bundesregierung sicher, indem sie so viele Staatsanleihen ankauft, bis die Investoren überzeugt sind, mit der Zentralbank immer einen Käufer in der Hinterhand zu haben. So sind die Staatsanleihen de facto risikofrei. Dies ist bei fast allen Zentralbanken der Welt gängige Praxis.

Als in der Eurokrise (2010–2014) die Steuereinnahmen in Griechenland kollabierten, weigerte sich die EZB, durch entsprechende Käufe griechischer Staatsanleihen deren Liquidität und Solvenz zu sichern. Dadurch wurde die griechische Regierung in die Zahlungsunfähigkeit getrieben, die zu einem Schuldenschnitt führte. Die Arbeitslosigkeit stieg, die Produktion fiel und Ersparnisse in Form von Staatsanleihen entwerteten sich. Von diesem Schock hat sich die griechische Wirtschaft bis heute nicht erholt. Auch vor der Corona-Pandemie erreichte das BIP von Griechenland nicht den Vorkrisenwert von 2007.

Mit dem zum März 2022 auslaufenden *Pandemic Emergency Purchase Programme* (PEPP) geht die EZB in dieser Krise neue Wege. Nun werden die nationalen Regierungen unterstützt, was die Preise ihrer Staatsanleihen stabilisiert und eine zweite Eurokrise verhindert hat. Dabei ist heute die Staatsverschuldung von Griechenland mit etwa 210 % des BIP deutlich höher als damals (etwa 130 %).

Die Zahlungsfähigkeit einer Regierung hat also nichts mit der Höhe der Staatsverschuldung zu tun. Die Ankaufprogramme der EZB sind als Schritt Richtung Normalität zu sehen, mit der die EZB erwachsen wird und endlich die „Superkräfte" einsetzt, die andere Zentralbanken längst nutzen. Sollte das Bundesverfassungsgericht diese „Superkräfte" in einem zukünftigen Gerichtsurteil kassieren, wäre eine Mandatsänderung der EZB wohl unumgänglich.

Geld als Steuergutschrift

Modernes Geld, welches immer staatlich ist, dient also dem Staat zum Aneignen von benötigten Ressourcen. Dabei soll der Staat das Gemeinwohl im Blick haben. Wo dem Staat früher mal 10 % (den sog. Zehnt) von allem, was produziert wurde, zustand, greift er heute über das Geldsystem zielgerichtet ein. Er zieht nur die Ressourcen an sich, die er braucht. Diese Art der monetären Steuer ist wesentlich effizienter als die Besteuerung in Form von Gütern.

Modernes Geld ist aus der Perspektive der Nutzer*innen eine Steuergutschrift. Der Staat verspricht weder eine Bindung an Gold oder andere Währungen (außer er fixiert einen Wechselkurs), noch verspricht er eine sonstige Einlösbarkeit außerhalb der Zahlung von Steuern. Damit ist modernes Geld das, womit wir unsere Steuerzahlungen und sonstigen Zahlungen an den Staat leisten. Weil wir wissen, dass wir und andere in Zukunft Steuern in Euro zu entrichten haben, *akzeptieren* wir unser Geld. Es kommt dafür nicht auf den „Wert" oder die Kaufkraft an.

Der Steuerzahlermythos

Steuern sind auf Bundesebene kein Mittel zur „Staatsfinanzierung". Es gibt ganz unterschiedliche Gründe, Steuern zu erheben. Sie reduzieren die Kaufkraft der Unternehmen und Haushalte. Dies ist praktisch, wenn der Staat mehr Geld ausgeben will, denn so werden Ressourcen freigegeben, die sonst der private Sektor genutzt hätte. Mit Geld lassen sich Ressourcen bewegen und wer weniger Geld hat, kann weniger Ressourcen bewegen. Daher können Steuern zur Freigabe von Ressourcen dienen, die der Staat zu gegebenen Preisen kaufen kann. Andernfalls hätte er im Bieterwettbewerb mit Unternehmen und Haushalten die Preise und Löhne hochbieten müssen. Steuern können neben der Reduktion der Inflation auch dazu dienen, die Demokratie vor exorbitant hohen Vermögen zu schützen, die entsprechende Macht für ihre Besitzer*innen bedeuten. Oder sie reduzieren den Konsum von Gütern, die wie Alkohol und Tabak als schädlich eingestuft werden.

Die Konzeption der staatlichen Ausgaben auf den Schultern der „Steuerzahler*innen" hingegen entspricht nicht der Realität. Das Geld, welches unsere Bundesregierung ausgibt, kommt nicht von den Steuerzahler*innen. Das Geld wird im Haushalt freigegeben und durch die Zentralbank neu geschöpft. Auch wenn die Bundesregierung ihr Zentralbankkonto mit Steuereinnahmen sowie Erlösen aus Staatsanleihenverkäufen auffüllt – dabei handelt es sich nicht um Zentralbankgeld. Es ist eine Art Punktestand, denn der Staat kann sich selbst kein Guthaben in Form von Steuergutschriften einräumen – der Staat zahlt nicht an sich selbst.

Die von der Politik vorgebrachte Begründung, die in der Krise höheren Ausgaben seien nur möglich, weil vorher durch die schwarze Null entsprechend gespart worden wäre, ist sachlich gesehen falsch. So funktioniert unser Geldsystem einfach nicht – der Staat ist eben keine schwäbische Hausfrau, die sparen muss, bevor sie Ausgaben tätigt! Leider sind Berichte, die Steuerzahler*innen hätten die Bankenrettung bezahlt, die Eurokrise sowieso und noch so vieles mehr, immer noch weit verbreitet. Es ist genau andersherum: die Steuerzahler*innen sind diejenigen, die abhängig sind von den Zahlungen des Staates. Ohne Einkommen in Euro gäbe es keine Steuerzahlungen in Euro. Der Staat ist ein großer Akteur, dessen Ausgaben eine große Menge an Einkommen wie auch an Steuerzahlungen auslösen. Die Ausgaben der Bundesregierung werden durch die Bundesbank bezahlt und damit durch *unser Geld*.

Die Höhe der Staatsausgaben wird von der Bundesregierung bestimmt. Dies ist eine politische und keine technische Grenze (zumindest solange das oben erwähnte PEPP der EZB läuft bzw. dessen Nachfolger). Es ist ein wesentlicher Bestandteil der demokratischen Regierungsform, dass das Parlament mit den Repräsentanten des Volkes die Entscheidungen trifft, wofür und wieviel Geld ausgegeben wird. Wer dies nicht akzeptieren mag, muss sich den Vorwurf gefallen lassen, keine Demokratin bzw. kein Demokrat zu sein.

Also: Verabschieden wir den Steuerzahlermythos – es ist *unser Geld*! Wer hat die Banken gerettet mit seinem Geld? Wir. Wer hat die Eurokrise gelöst mit seinem Geld? Wir. Wer hat den Wohlfahrtsstaat bezahlt? Wir. (Wer wird den *Green New Deal* bezahlen? Wir.)

3.3   Staatsanleihen

Staatsanleihen sind Schuldscheine des Staates. Bei Fälligkeit zahlt dieser eine gewisse Summe an Geld aus. Auch Staatsanleihen dienen nicht zur Finanzierung des Staates, solange wir über die Bundesebene reden (Bundesländer und Kommunen müssen sich hingegen wie Haushalte und Unternehmen finanzieren, da EZB und Bundesbank deren Solvenz nicht mit Anleihenkaufprogrammen sicherstellen). Staatsanleihen sind verzinste Steuergutschriften. Sie dienen dazu, einen risikolosen Zins zu etablieren, an dem sich die Banken bei der Kreditvergabe anlehnen können. Wenn Investoren eine risikofreie Staatsanleihe mit einem fest-gelegten Zins von 1 % kaufen können, werden sie ihr Geld nicht zu einem Zins von weniger als 1 % an Unternehmen verleihen. Bei letzteren bestünde immer ein Risiko, dass die Rückzahlung nicht zustande kommt. Staatsanleihen reduzie-ren die liquiden Mittel in den Händen des privaten Sektors und können daher als Sparanreiz wirken, der die Nachfrage verringert.

Die Bundesrepublik Deutschland verkauft ihre Staatsanleihen ausschließlich direkt an eine Gruppe von Banken im sog. Primärmarkt. Im Gegensatz zum Sekundärmarkt werden hier neue Anleihen verkauft. Dies geschieht analog zum Neuwagenkauf beim Autohaus und dem Gebrauchtwagenhandel. Die Banken bezahlen die Staatsanleihen dabei nicht mit eigenen Bankguthaben, sondern überweisen Reserven von ihrem jeweiligen Konto bei der Bundesbank an die Finanzagentur GmbH, die für das Bundesministerium der Finanzen die Anleihen verkauft.

Vor dem Anleihenkauf müssen also Zentralbankguthaben existieren. Die Zen-tralbank muss sicherstellen, dass die Banken genügend Reserven haben, wenn die Staatsanleihen der nationalen Regierungen verkauft werden. Der Staat muss also erst Geld ausgeben, bevor dann Banken damit Staatsanleihen kaufen können. Damit ist klar, dass dieses Hütchenspiel den Blick darauf verdeckt, dass letztlich die EZB bzw. die ausführenden nationalen Zentralbanken die Staatsausgaben der nationalen Regierungen ermöglichen.

Die Zentralbank ist immer auch die Hausbank des Staates. Dieser Zusam-menhang wird in der Eurozone gerne verdrängt, aber es ist offensichtlich, dass zu Zeiten nationaler Währungen kein Mitgliedsstaat der Eurozone Probleme mit staatlicher Zahlungsfähigkeit hatte. Damit ist klar: Staaten brauchen weder Steu-erzahler*innen noch Finanzmärkte zur Finanzierung. Sie sind lediglich auf die Zentralbank angewiesen, die entweder den Banken oder dem Staat direkt das Geld bereitstellt, um die Staatsanleihen zu kaufen.

Wie die Bank of England zeigt, kann auch darauf verzichtet werden. Dort hätte die britische Regierung ihr *Ways & Means*-Konto bis zu einer von der Bank of England festgelegten Grenze überziehen können.[10] Staatliche Ausgaben hät-ten dann keinen Verkauf von Staatsanleihen mit sich gebracht. Staatsanleihen dienen also nicht der Finanzierung der britischen Regierung, sie sind optional. Insofern ist es ein Mythos, dass sich der Staat das Geld von (internationalen) Finanzmärkten leiht oder von Banken.

---

[10] Vgl. https://www.bankofengland.co.uk/news/2020/april/hmt-and-boe-announce-tempor ary-extension-to-ways-and-means-facility.

Das gleiche gilt auch für die Eurozone. Das Eurosystem ist die einzige Institution, die Euros schaffen darf. Es besteht aus der EZB und den nationalen Zentralbanken (NZBen) der Eurozonenländer. Die EZB und die NZBen können das unbegrenzt und kostenlos.[11] Sämtliche Knappheit des Geldes ist also politisch. Sie lässt sich verändern, um das Geld dorthin zu lenken, wo es gebraucht wird. Momentan lenken wir viel Geld in die Finanzmärkte und in den Immobilienmarkt und wenig Geld in Richtung der demokratisch legitimierten nationalen Regierungen. Es spricht nichts dagegen, der Politik mehr Spielraum einzuräumen. Die Abhängigkeit der nationalen Regierungen vom Verkauf der Staatsanleihen an Banken kann beseitigt werden, indem ein Ankaufprogramm der EZB permanent verankert wird. Damit können die Länder der Eurozone dann nicht mehr zahlungsunfähig werden. Ihre Staatsausgaben wären aber immer noch durch die Defizitregeln des Stabilitäts- und Wachstumspaktes begrenzt.

Einige Kommentator*innen behaupten, ohne den Druck auf die Staatsfinanzen seien die Länder nicht zu Reformen bereit. Diese Sicht halte ich für falsch. Die westeuropäischen Länder bauten in der Nachkriegszeit ihre Wohlfahrtsstaaten mit eigenen Währungen und ohne Durck von Ratingagenturen, Banken und Finanzmärkten auf und aus, um Probleme mit Verteilung und Arbeitslosigkeit in den Begriff bekommen. In Folge der Eurokrise schienen Strukturreformen die Probleme zu verstärken: Kürzungen in den Sozialsystemen, die Reduktion der Beschäftigten im öffentlichen Dienst und der Abbau von Rechten der Bürger*innen und der Gewerkschaften.

„Staatsverschuldung" – eine Nebelkerze
Wenn Steuern und Staatsanleihen nicht die Staatsausgaben finanzieren, dann ist die „Verschuldung" des Staates etwas anderes als die eines Haushalts oder eines Unternehmens. „Staatsverschuldung" ist als Wort relativ unpassend, wenn der Staat der Schöpfer der Währung ist und als solches immer wieder neues Geld in Umlauf bringen kann. Die Zentralbank ist Bank des Staates und schützt diesen vor einer Zahlungsunfähigkeit. Diesen Vorteil hat keine andere Institution. Von daher sollte nicht von „Staatsverschuldung" geredet werden, sondern von der ausstehenden Menge an Steuergutschriften, die sich in Besitz des privaten Sektors befinden. Der Staat hat dafür nichts versprochen außer die Annahme für Steuerzahlungen in der Zukunft.

Ein Beispiel soll die Unterschiede zwischen privater und öffentlicher Verschuldung verdeutlichen. Angenommen, eine schwäbische Hausfrau nimmt einen Kredit in Höhe von 10.000 € auf. Sie gibt das Geld aus und muss dann sehen, dass sie

---

[11] Vgl. zur EZB: https://www.reuters.com/article/us-ecb-policy-bonds-idUSKBN27Z12S.

Einnahmen in Höhe des Kreditbetrags plus Zins erzielt. Wenn sie das Geld zusammen hat, kann sie den Kredit tilgen. Der Staat hingegen erzeugt seine Schulden nicht durch einen Kredit, sondern über seine Ausgaben. Angenommen, er gibt zusätzliche 10 Mrd. € aus. Der Staat verspricht dabei nichts anderes, als dass er diese 10 Mrd. € in Zukunft für Steuerzahlungen oder sonstige Zahlungen an den Staat akzeptiert. Er ist nicht bestrebt, seine Schulden wieder auf null zurückzuführen.

Der Staat reduziert seine „Schulden", wenn wir unsere Steuern bezahlen! Der Staat muss also gar nichts machen, um seine „Schulden" zu bezahlen. Er kann sie gar nicht selber bezahlen, sondern wir bezahlen unsere Steuerschulden und sorgen damit dafür, dass der Staat sein eigenes Geld zurückbekommt. Wer also fordert, dass die Staatsverschuldung sinken soll, der muss erklären, wer höhere Steuerzahlungen an den Staat leisten soll.

Staatliche Ausgaben und Vollbeschäftigung
Staatliche Ausgaben führen zu mehr Beschäftigung und zu einer höheren gesamtwirtschaftlichen Nachfrage. Da die Ausgaben aus funktionaler Sicht immer getätigt werden können und die Kosten der Erzeugung von mehr Geld quasi null sind, macht es Sinn, dass die Bundesregierung zur Stabilisierung der Wirtschaft angehalten wird. Geben Unternehmen und Haushalte nicht genug Geld aus für Vollbeschäftigung, kann der Staat mehr Geld ausgeben. Er kann dabei den Unternehmen die Produkte abkaufen, mehr Beschäftigte im öffentlichen Dienst einstellen oder über eine Jobgarantie (Recht auf Arbeit) dafür sorgen, dass alle, die Arbeit suchen, auch welche finden. Vollbeschäftigung ist dabei definiert als die Situation, in der alle, die arbeiten wollen, einen Arbeitsplatz haben. Alternativ kann der Staat die Arbeitszeit reduzieren und somit die Arbeit besser verteilen.

Der Staat ist verantwortlich für Arbeitslosigkeit. Weil er Geld und Steuern einführt, schafft er erst den Wunsch nach bezahlter Beschäftigung. Unfreiwillige Arbeitslosigkeit liegt nicht an der zu geringen Produktivität einiger Menschen, sondern daran, dass schlicht nicht genügend Arbeitsplätze existieren. Die Lösung des Problems liegt also nicht in der Qualifizierung der Arbeitssuchenden (Stichwort: *Fordern und Fördern*), sondern in der Schaffung von benötigten Arbeitsplätzen. Zusätzliche Staatsausgaben schaffen zusätzliche Arbeitsplätze.[12] Dazu führen sie auch zu höheren Einkommen der Haushalte und Unternehmen. Dies schlägt sich auch in der Ersparnis, dem Überschuss der Einkommen über die Ausgaben, nieder und in deren Akkumulation, dem Vermögen. Staatliche Ausgaben begründen Euro für Euro private Geldvermögen. Diese existieren nicht unabhängig voneinander.

---

[12] Sinkende Sparquoten führen auch zu mehr Ausgaben, sind aber schwerer zu erreichen.

Staatsverschuldung und Verteilung

Sollte die Einkommens- oder Vermögensverteilung ein Problem sein, dann lässt sich dieses durch eine entsprechende Verteilungspolitik entschärfen. Wer Ungleichheit beseitigen möchte, der sollte an den wirtschaftspolitischen Stellschrauben (z. B. staatliche Löhne, Macht der Gewerkschaften, Steuersätze und Finanzmarktregulierung) drehen. Vollbeschäftigung und Preisstabilität sind durchaus vereinbar mit einer „guten" Verteilung der Einkommen und Vermögen, wie die Nachkriegszeit in Westdeutschland gezeigt hat. Auch die nachhaltige Bewirtschaftung von Ressourcen sollte das Ziel sein. Um unseren ökologischen Fußabdruck zu reduzieren, müssen wir unseren Konsum herunterfahren. Mit mehr Beschäftigung ist das nicht zu machen, also muss die Arbeitszeit reduziert werden. Die Einführung der 4-Tage-Woche würde dabei eine Reduktion des Konsums von bis zu 20 % mit sich bringen, solange sich sonst nichts ändert. Da aber mehr Freizeit sicherlich auch zu mehr Konsum führt, müssen wir uns Gedanken über die Produktionsseite der Wirtschaft machen.

Arbeitslosigkeit und Preisstabilität

Arbeitslosigkeit und Preisstabilität sind Ziele, die sich zusammen erreichen lassen (vgl. Abb. 3.2). Die Nachkriegszeit war geprägt durch niedrige Inflationsraten um die 2 % bei stetig sinkender Arbeitslosigkeit. In weiten Teilen der 1960er Jahre lag die Arbeitslosigkeit bei etwa 1 %, während die Inflation beispielsweise von 1967 bis 1969 bei unter 2 % verharrte. Dies zeigt, dass (beinahe) Vollbeschäftigung und Preisstabilität vereinbar sind.

Abb. 3.2 Arbeitslosigkeitsrate (durchgehende Linie) und Inflation (gestrichelt) in Deutschland, 1951–2019. (Quelle: Statistisches Bundesamt, Lange Reihe)

Auch der jüngste Abbau der Arbeitslosigkeit seit 2005 ging nicht mit steigenden Inflationsraten einher. Insofern kann an dieser Stelle die wichtige Nachricht festgehalten werden, dass ein Anstieg der Beschäftigung nicht grundsätzlich zu mehr Inflation führt.

3.4   Der internationale Handel

Die Handelspolitik ist das dritte große Instrument der Wirtschaftspolitik neben der Geld- und Fiskalpolitik. Wesentliche Einflussgrößen sind der nominale Wechselkurs sowie die Veränderung der nominalen Löhne und der Produktivität. Diese schlagen sich in der Veränderung der Lohnstückkosten nieder. Länder sind keine Akteure, die selber exportieren und importieren. Wenn wir von „deutschen Exporten" sprechen, meinen wir eigentlich die Exporte von deutschen Unternehmen. In der Statistik der Zahlungsbilanz werden vergangene Transaktionen zwischen Inländern und Nicht-Inländern festgehalten.

Die reale Seite des internationalen Handels
Grundsätzlich können die Handelspolitik und der internationale Handel aus zwei Perspektiven diskutiert werden. Einerseits sind Exporte ein Verlust an produzierten Gütern (und Dienstleistungen, folgend nur noch als „Güter" bezeichnet), die dadurch dem einheimischen Konsum nicht zur Verfügung stehen. Durch Exporte kann die Bevölkerung eines Landes also den Gürtel enger schnallen und weniger konsumieren als sie produziert. Dies wird sich auf die Verteilung auswirken. Wenn beispielsweise die Löhne relativ zum Ausland nur schwach wachsen, wird bei festem Wechselkurs ein immer größerer Anteil der Produktion an Nicht-Inländer verkauft werden, da deren Kaufkraft durch relativ hohe Lohnsteigerungen schneller wächst als im Inland. Dadurch gewinnen diejenigen, an die die Unternehmensgewinne ausgeschüttet werden.

Wenn wir ein extremes Beispiel wählen, wird die Problematik sehr klar. Bei Löhnen in Höhe von Null Euro pro Stunde wird sämtliche Produktion ins Ausland exportiert, der Konsum im Inland beträgt Null. Diese realwirtschaftliche (kurz: reale) Perspektive betrachtet nur die Güterseite des Handels. Exporte sind aus dieser Sicht entgangener Konsum und damit wohlfahrtsvermindernd. Lassen wir den Lohn langsam ansteigen, wird immer mehr Produktion im Inland abgesetzt und die Exporte sinken. Wir können erahnen, dass die Arbeitnehmer*innen und Arbeitnehmer höhere Löhne bevorzugen und die Bezieher von Unternehmensgewinnen nicht. Steigende Exporte können also ein Zeichen für stagnierende Löhne sein. Daraus resultieren höhere Gewinne für die Exporteure und eine entsprechende Umverteilung. Zu diesem Ergebnis kommt beispielsweise auch der Internationale Währungsfonds (IWF) für Deutschland.[13]

Relativ niedrige Löhne haben wir historisch gesehen in vielen Kolonien erlebt, was immer wieder zu hohen Exporten führte und zu geringen Importen. Adam Smith, quasi der Urgroßvater der Ökonomen, hatte in seinem großen Werk „Der Wohlstand der Nationen" *(An Inquiry into the Nature and Causes of the Wealth of Nations)* aus dem Jahr 1776 folgendes zu sagen über die Segnungen der Arbeitsteilung:[14]

> „It is the great multiplication of the productions of all the different arts, in conse-quence of the division of labour, which occasions, in a well-governed society, that universal opulence which extends itself to the lowest ranks of the people."

Niedrige Löhne bzw. eine hohe Spreizung der Arbeitseinkommen würden sicher-lich nicht erlauben, dass der allgemeine Wohlstand auch die untersten Klassen der Gesellschaft erreicht, so wie Adam Smith das in einer „wohlregierten" Gesell-schaft vermutet. Insofern sind die Löhne bei der Betrachtung des internationalen Handels von sehr großer Bedeutung. Während Exporte also entgangenen Konsum für Inländer darstellen, sind Importe aus dieser Perspektive zusätzlicher Konsum. Sie erlauben den Konsum über die Produktion hinaus und sind ein Zugewinn an Konsummöglichkeiten.

Auch hier kann ein Gedankenspiel weiterhelfen. Es ist eine Situation denkbar, in der ein Land nichts produziert und der Konsum vollständig aus Importen besteht. Dies ist ein Merkmal für Strukturen aus Metropole und Hinterland bzw. Kolonien. Im Zentrum wird das Geld erzeugt und ausgegeben, was den Konsum über die Produktion hinaus erlaubt. In der Peripherie wird das Geld gespart, wodurch nie etwas aus der Metropole nachgefragt wird. Vielleicht müssen die Menschen dort das Geld für Steuerzahlungen benutzen oder mit dem Geld werden Immobilien in der Metropole gekauft. Der Strom an Konsumgütern fließt dann nur in eine Richtung.

Die monetäre Seite des internationalen Handels
Die andere Perspektive, die immer mit beachtet werden muss, ist die monetäre Seite der Ausgaben und Einnahmen. In einer modernen monetären Wirtschaft werden Güter nicht getauscht, sondern mit Geld gekauft. Wir wissen alle, dass beim Güter-kauf nicht zwischen in- und ausländischen Gütern unterschieden wird. Wenn wir in Deutschland ausländische Güter im Supermarkt kaufen, zahlen wir wie gewohnt mit Bankkarte, Bargeld oder Kreditkarte. Auch im Ausland bezahlen wir so. Der

---

[13] Vgl. IWF (2019).
[14] Vgl. Smith (1776, S. 13).

Konsum von deutschen Inländern im Ausland (Urlaub, Dienstreise) zählt ebenfalls als Import. Dabei verschulden wir uns nicht im Ausland, sondern treten lediglich Forderungen in Form von Zahlungsmitteln (Bargeld, Bankguthaben) ab. Aus der Sicht von Einnahmen und Ausgaben erzeugen Exporte Nettozuflüsse für den Exporteur. Entweder führen sie zu einem höheren Auslandsvermögen (wenn Inländer mehr Forderungen gegen Nicht-Inländer halten, z. B. in Form von US-Dollars oder japanischen Staatsanleihen), oder aber sie reduzieren die Auslandsverbindlichkeiten (bspw., wenn Nicht-Inländer mit inländischer Währung zahlen, die dann in den Besitz von Inländern wechselt). Exporte führen also zu Nettogeldvermögenszuflüssen, Importe zu Nettogeldvermögensabflüssen. Auch hier ist wieder wichtig, dass es sich nur um eine Statistik handelt. Ein Land ist kein aktiver Akteur und kann daher keine Netto-Zu- oder Abflüsse haben – nur die Inländer können derartige Geldvermögensveränderungen erfahren.[15]

Exporte und Beschäftigung

Diese Sicht der Dinge ist deswegen wichtig, weil Geld von jedem nur einmal ausgegeben werden kann. Wenn also ein inländischer Konsument statt einheimischer Äpfel die vielleicht günstigeren ausländischen Äpfel kauft, dann wandert Kaufkraft vom Konto eines Inländers auf das Konto des ausländischen Exporteurs. Dies entzieht dem inländischen Geldkreislauf Kaufkraft und kann sich entsprechend negativ auf die Beschäftigung auswirken. Der ausländische Exporteur wird das Geld mit einer geringeren Wahrscheinlichkeit für inländische Güter ausgeben, als es der deutsche Apfelproduzent getan hätte. Es kommt hier auf den Einzelfall an.

Da Exporte zu zusätzlichen Nettozuflüssen und damit zu zusätzlichen Einkommen führen, erhöhen diese die Beschäftigung – sofern nicht bereits Vollbeschäftigung herrscht.[16] Da schon seit Jahrzehnten keine Vollbeschäftigung mehr herrscht, ist es der Normalfall, dass zusätzliche Exporte mehr Beschäftigung schaffen. Andersherum verringern Importe die potentielle Nachfrage nach einheimischen Gütern. Die einheimischen Unternehmen verkaufen weniger und damit geht Kaufkraft für den einheimischen Geldkreislauf verloren. Dies muss kein Problem sein, wenn etwa die zusätzliche Verlagerung der Nachfrage auf Importe durch eine Ausweitung der Nachfrage in anderen Kategorien ausgeglichen wird: mehr Konsum, mehr Staatsausgaben, mehr private Investitionen oder mehr Exporte. Ist dies jedoch nicht der Fall, dann führt eine Erhöhung der Importe zu einer Reduktion der Beschäftigung.

---

[15] Dies beinhaltet die Unternehmen und den Staat.

[16] Im Falle der Vollbeschäftigung wird eine höhere Nachfrage sehr wahrscheinlich zu steigenden Löhnen und Preisen führen.

Exportüberschuss oder Importüberschuss?
Internationaler Handel ist also ein zweischneidiges Schwert. Auf der einen Seite erhöhen Exporte die Einkommen und reduzieren den Konsum, auf der anderen reduzieren Importe die Einkommen und erhöhen den Konsum. Welche Position ist für ein Land die bessere: Exportüberschuss oder Importüberschuss? Auch wenn einige Deutschland gerne als *Exportweltmeister* feiern, ist die Antwort auf diese Frage alles andere als klar. Eine große Rolle spielen die Fragen der Verteilung und des Geldsystems bzw. der Verschuldung. Bevor wir uns die nationale Brille aufsetzen werfen wir einen Blick auf die Weltwirtschaft. Die Arbeitslosenquote der Welt beträgt aktuell knapp unter 5 %.[17] Was kann die bestehende Arbeitslosigkeit erklären?

Wie wir bereits oben gesehen hatten, ist Arbeitslosigkeit das Resultat eines Mangels an Nachfrage bei gegebener Arbeitszeit und Technologie. Teilen wir die Welt in privaten Sektor (Haushalte und Unternehmen) und öffentlichen Sektor (Regierungen) auf, dann können wir sagen, dass die kombinierten Ausgaben beider Sektoren nicht ausreichen für globale Vollbeschäftigung. Eine Erhöhung der Ausgaben oder eine Reduktion der Sparquote in mindestens einem der beiden Sektoren wäre notwendig, um mehr Beschäftigung zu schaffen. Da der Staat Haushalte und Unternehmen nicht zwingen kann, die Ausgaben zu erhöhen, kann mit Recht behauptet werden, dass bestehende Arbeitslosigkeit an den zu geringen Ausgaben des Staates liegt (gegeben die Sparquote). Alternativ könnten wir die Arbeitszeit verkürzen bei vollem Lohnausgleich. Die Unternehmen müssten sich dann nach zusätzlichen Beschäftigten umschauen, Arbeit würde bei gleichem Arbeitsvolumen (der Anzahl an Arbeitsstunden) neu verteilt werden. Der Vorteil dieser Idee ist, dass der Konsum nicht weiter ansteigt bzw. sogar absinkt.[18] Denkbar wäre eine 4-Tage-Woche oder sogar eine noch kürzere 30-h-Woche.

Die Logik von Ausgaben und Einnahmen
In einem 2-Sektoren-Modell der Weltwirtschaft müssen Einnahmen und Ausgaben gleich hoch sein. Jede Ausgabe führt zu einer Einnahme, jede Einnahme wird durch eine Ausgabe ausgelöst. Andersherum funktioniert es nicht. Niemand kann einfach Einnahmen beschließen, welche dann Ausgaben anderswo auslösen! Es gibt auch Einnahmen, die nicht zu Ausgaben führen: Dann wird das Geld gespart. Ausgangspunkt sind daher immer die Ausgaben. Die Ersparnis des einen Sektors

---

[17] https://data.worldbank.org/indicator/SL.UEM.TOTL.ZS.
[18] Dies hängt u. a. davon ab, ob die Löhne trotz reduzierter Arbeitszeit in gleicher Höhe ausgezahlt werden wie vorher (voller Lohnausgleich) oder nicht.

(Einnahmenüberschuss) entspricht dem Defizit des anderen Sektors (Ausgabenüberschuss). Ein Sektor kann nur dann mehr einnehmen als er ausgibt, wenn der andere Sektor mehr ausgibt als er einnimmt. Ersparnis und (Netto-)Verschuldung sind zwei Seiten der gleichen Medaille.

3.5   Die sektoralen Salden, Wechselkurse und Lohnstückkosten

Wir können nun diese Perspektive erweitern, um statt der Weltwirtschaft eine nationale Wirtschaft zu betrachten. Dazu teilen wir die Ökonomie in zwei Teile auf, nämlich Inland und Ausland. Dann unterteilen wir das Inland noch in privaten Sektor (Haushalte und Unternehmen) und öffentlichen Sektor (Regierung auf allen Ebenen). Auch für diese drei Sektoren muss gelten, dass die finanzielle Nettoersparnis des einen Sektors das Defizit mindestens eines der beiden anderen Sektoren ist. Die Veränderung der finanziellen Nettoersparnis aller drei Sektoren muss sich wieder auf null addieren, da Einkommen und Ausgaben gleich hoch sind.

Wir lernen nun, dass die beiden inländischen Sektoren zusammen nur dann sparen können, wenn sich der externe Sektor – das Ausland – verschuldet bzw. sein Nettovermögen abbaut. Dies ist der Fall, wenn ein Land einen Überschuss in der Handelsbilanz (Exporte minus Importe > 0) aufweist. Nicht alle Länder können gleichzeitig Nettosparer sein, denn der Handelsbilanzüberschuss eines Landes entspricht dem Handelsbilanzdefizit eines anderen. Interessant sind die Salden für den Fall, dass der Staat einen ausgeglichenen Haushalt verfolgt und auch tatsächlich erzielt. Entsprechen die Steuereinnahmen den Staatsausgaben, dann kann der private Sektor als Ganzes nur noch sparen (Einkommensüberschüsse erzielen), indem er dem Ausland mehr Güter verkauft als andersherum. Die private Ersparnis geht dann aber auf Kosten einer steigenden Nettoverschuldung (bzw. einer Reduktion des Nettovermögens) des Auslands. Mittelfristig droht ein Einbruch der Nachfrage und eine Finanzkrise im Ausland, wenn die Nettoverschuldung dort nicht mehr gesteigert werden kann.

In Abb. 3.3 sind die sektoralen Salden für Deutschland abgebildet. Die Summe der Finanzierungssalden von privatem Sektor (gestrichelt), öffentlichem Sektor (gepunktet) und externem Sektor (durchgezogen) ergeben dabei immer Null. Wir erkennen, dass der private Sektor seit Anfang der 2000er Jahre einen deutlich höheren Überschuss erzielt. Dahinter versteckt sich die Umkehr des Saldos der Unternehmen, der von einem Defizit vor 2000 zu einem Überschuss wird. Die

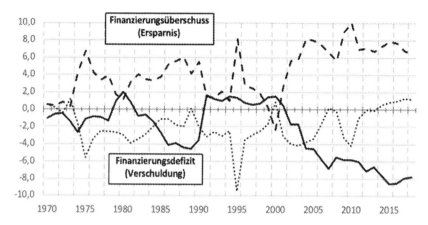

Abb. 3.3 Salden für den privaten (gestrichelte Linie), öffentlichen (gepunktete) und externen Sektor (durchgängige) für Deutschland, in Prozent des BIP. (Quelle: AMECO Datenbank, Dr. Michael Paetz, was-ist-geld.de)

erfolgreichen „Sparanstrengungen" (Profite) der Unternehmen sind der Grund für diese Konstellation. Das relativ geringere Lohnwachstum in Deutschland hat zu mehr Exporten geführt, von denen insbesondere die Exportunternehmen profitiert haben.

Ebenfalls interessant ist die Konstellation einer ausgeglichenen Handelsbilanz. Wenn diese ausgeglichen ist, dann müssen zwangsläufig Überschüsse bei Haushalten und Unternehmen auf Kosten eines Defizits beim Staates angefallen sein. Anders geht es nicht auf: Wenn der private Sektor mehr einnimmt, als er ausgibt, dann muss der Staat Einnahmen aus Steuern haben, die unter dem Niveau der Staatsausgaben liegen. Da wir bereits gesehen haben, dass private Schulden mit Risiko behaftet sind und öffentliche Schulden üblicherweise nicht, erscheint diese Konstellation aus stabilitätstheoretischen Erwägungen sinnvoll zu sein.

Private Schulden
Innerhalb des privaten Sektors unterscheiden wir Unternehmen und Haushalte. Haushalte sind gerne Nettosparer, da sie für das Alter vorsorgen. Dabei werden über Sozialversicherungsbeiträge Teile des Einkommens einbehalten. Die meisten von uns wären daher gar nicht in der Lage, ihr komplettes Einkommen zu verausgaben. Wer mehr ausgibt als er einnimmt wird das über einen Kredit finanziert haben. Da diese aber zurückgezahlt werden müssen, entsteht ein Risiko. Dies besteht darin,

dass Haushalte durch Arbeitslosigkeit ihr Einkommen verlieren und so Probleme mit der Tilgung bekommen. Haushalte können negatives Nettovermögen aushalten, solange sie die Tilgungsraten aus ihrem Einkommen bezahlen. Bei Unternehmen ist das anders. Sie sollten immer solvent sein. Allerdings arbeiten sie meist mit externer Verschuldung und sind daher teilweise über Jahrzehnte in der Lage, ihr Ausgabenniveau über dem der Einnahmen zu halten. Wichtig dabei ist, dass über den Finanzmarkt eine weitere Finanzierung sichergestellt ist. Die Einnahmenüberschüsse der Unternehmen bzw. des Unternehmenssektors sind allerdings etwas anderes als Gewinne (Profite). Letztere sind die Folge von Veränderungen in der Buchhaltung und nicht unbedingt beim *cash flow*. Die Unternehmen hatten auch in Deutschland über Jahrzehnte Defizite. Erst seit den 2000er Jahren weist der Sektor relativ konstant Überschüsse auf. Ein paralleles Sparen von Haushalten, Unternehmen und Staat ist in Deutschland nur möglich, weil das Ausland mitspielt und die Rolle des großen Schuldners einnimmt. In der Eurozone führt dies zu politischen Spannungen, da feste Wechselkurse ein Entrinnen aus der Schuldnerposition quasi unmöglich machen.

Flexible Wechselkurse und Inflation
Veränderungen der nominalen Wechselkurse führen in industriellen Ländern nicht oder nur kaum zu Veränderungen in den Preisen der Export- und Importgüter. Damit führt auch eine Abwertung der eigenen Währung normalerweise nicht zu einer erhöhten Inflationsrate. Beispielsweise wertete die isländische Krone während der isländischen Bankenkrise gegenüber dem Euro um mehr als 50 % ab. Die Inflationsrate stieg allerdings dabei nur kurzzeitig auf knapp unter 20 % an und pendelte sich dann bei 2 bis 5 % ein. Die Arbeitslosigkeit sank schnell wieder Richtung 2–3 %, eine Depression wie in Griechenland wurde vermieden. Island ist eine kleine und offene Volkswirtschaft. Bei etwas größeren Ländern sind die Ergebnisse noch deutlicher. Beispielsweise ist der Wechselkurs zwischen dem kanadischen und dem US-amerikanischen Dollar flexibel und schwankt auch mal um 50 %. Trotzdem korrelieren die Inflationsraten beider Ländern und laufen nicht auseinander, nur weil der Wechselkurs sich mal stärker verändert, wie Abb. 3.4 deutlich macht.

In einer Weltwirtschaft mit unfreiwilliger Arbeitslosigkeit ist der Grund dafür in der zu schwachen Gesamtnachfrage zu suchen. Es wird einfach zu wenig Geld ausgegeben und daher können die Unternehmen die Produktion nicht erhöhen. Somit bleiben einige Arbeitssuchende ohne Arbeitsplatz. Da der private Sektor seine Ausgaben nicht steigern möchte und der Staat ihn nicht direkt zwingen kann, ist es an den Regierungen, das Problem der Arbeitslosigkeit aktiv zu beseitigen.

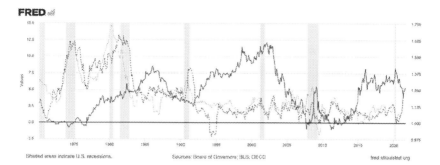

Abb. 3.4 Wechselkurs US-amerikanischer und kanadischer Dollar (schwarze Linie, rechte Achse) sowie Inflationsraten in den USA (schwarz gepunktet) und Kanada (grau gepunktet). (Quelle: FRED.stlouisfed.org (BLS, Board of Governors, World Bank))

Was ist Wirtschaftspolitik?

4

Noch bis Anfang des 20. Jahrhunderts waren die meisten Ökonomen der Meinung, die Wirtschaft reguliere sich selbst. Wirtschaftspolitik sei unnötig oder verhindere sogar automatische Anpassungsprozesse innerhalb der Wirtschaft. Die Idee war, dass die Ausgaben der Unternehmen für Löhne und andere Produktionsfaktoren (Vorprodukte, Rohstoffe, Energie, Miete, etc.) zu Einnahmen der Besitzer*innen dieser Faktoren würde. Die Nachfrage nach Gütern und Dienstleistungen (also das, was die Menschen mit ihrem Geld kaufen) wäre automatisch genauso hoch wie das Angebot an Gütern und Dienstleistungen. Kaufkraft kann zwar durch Sparen stillgelegt werden, wenn Haushalte ihr Geld zur Bank bringen. Allerdings würden Banken dieses Geld weiterverleihen an Unternehmen, die damit ihre Investitionen finanzieren. Der Wirtschaftskreislauf wäre damit stabil.

Die Wirtschaft wäre annahmegemäß immer bei Vollbeschäftigung, solange die Unternehmen Löhne zahlen, welche auf der Produktivität beruhen. Jegliche Arbeitslosigkeit wäre entweder freiwillig – die Arbeiter*innen wollen zum angebotenen Lohn nicht arbeiten – oder aber verursacht durch zu hohe Löhne, zu denen Unternehmen nicht einstellen wollen. Schuld an zu hohen Löhnen wären die Gewerkschaften und die Arbeiter*innen.

4.1 Theorie und Praxis

Leider sind diese Ideen falsch, auch wenn sie logisch konsistent erscheinen. Unfreiwillige Arbeitslosigkeit, das haben wir in der Corona-Pandemie gesehen, ist ein sehr großes Problem. Auch in der Folge der Eurokrise war es offensichtlich, dass Arbeitslosigkeitsraten von über 20 % im Bereich des Möglichen liegen und dass sich beispielsweise Spanien oder Griechenland eben nicht so einfach erholt haben. Das lag sicherlich nicht an zu hohen Lohnforderungen. Zudem ist

D. Ehnts, *Modern Monetary Theory*, essentials, https://doi.org/10.1007/978-3-658-36488-5_4

die Geldtheorie fehlerhaft: Banken verleihen keine Ersparnisse der Kund*innen weiter! Kreditvergabe ist nichts anderes als der Kauf eines Zahlungsversprechens der Kreditnehmerin oder des Kreditnehmers durch die Bank, die dabei diesem ein höheres Bankguthaben gewährt (Ehnts 2020, Kap. 3). Bankguthaben sind in Euro denominierte Zahlungsversprechen der Banken. Diese versprechen, dass sie für einen Euro Bankguthaben einen Euro an Bargeld auszahlen oder einen Euro an Zahlungen ausführen.

In der Folge der Corona-Pandemie hat die deutsche Bundesregierung mit Kurzarbeitergeld und erhöhten staatlichen Ausgaben reagiert. Die EZB reagierte mit dem weiteren Ankaufprogramm PEPP und die EU-Kommission mit der Aussetzung der Defizitgrenzen des Stabilitäts- und Wachstumspaktes. Dieser begrenzt in normalen Zeiten die staatlichen Ausgaben bzw. die dadurch bedingten Defizite. Wir wissen jetzt, dass wir für eine aktive Wirtschaftspolitik die staatlichen Ausgaben verändern müssen. Diese Idee geht zurück auf die Große Depression, die mit dem großen Börsen-Crash von 1929 begann (und nichts mit der Hyperinflation Anfang der 1920er Jahre zu tun hatte). Massenarbeitslosigkeit und Verelendung weiter Bevölkerungskreise in den USA und weltweit waren die Folge eines Rückgangs der privaten Investitionen. In Deutschland kam es durch die zur Krisenbekämpfung ungeeignete Kürzungspolitik des deutschen Reichskanzlers Brüning zur Machtergreifung Adolf Hitlers. In den USA unter Präsident Franklin D. Roosevelt wurden mit dem *New Deal* die Staatsausgaben deutlich und permanent erhöht.

Die Erkenntnis nach dem 2. Weltkrieg war, dass Menschen nicht friedlich zusammenleben, wenn Massenarbeitslosigkeit sowie Ungleichheit der Vermögen und Einkommen den sozialen Zusammenhalt auflösen. Individuen wachsen immer in der Gesellschaft auf, welche sie gleichzeitig bilden. Ist das Gefühl für soziale Gerechtigkeit nicht mehr vorhanden und bekommen die Menschen Existenzangst, wenden sie sich gegen die sozialen Strukturen und werden auch aggressiv.[1] Also muss eine Gesellschaft dafür Sorge tragen, dass Verteilung und Beschäftigung zum Wohle aller gestaltet werden. Der Markt allein, dass erkannte bereits John Maynard Keynes, ist nicht in der Lage, diese Situation herzustellen. Die Wirtschaft, so seine Erkenntnis, ist *kein* sich selbst regulierendes System.[2]

---

[1] Vgl. Bauer, Joachim. 2011. *Schmerzgrenze: Vom Ursprung alltäglicher und globaler Gewalt*, Heyne.

[2] Keynes, John Maynard. 1963. A Self-Adjusting Economic System. Nebraska Journal of Economics and Business 2 (2): 11–15.

Der Staat muss sich also um eine Wirtschaftspolitik bemühen, welche eine ausreichende Menge an Arbeitsplätzen bereitstellt sowie Einkommen und Vermögen erzeugt, die dem Gerechtigkeitsempfinden der Bevölkerung entsprechen.

Die Wirtschaft und das Geld
Hauptantriebskraft der Wirtschaft ist die Nachfrage nach Gütern und Dienstleistungen. Erhöht sich die Nachfrage, erhöhen die Unternehmen ihre Produktion, erweitern ihre Kapazitäten (sie erzeugen neues Kapital in Form von Maschinen, Gebäuden, usw.) und stellen neue Mitarbeiter ein. Damit wird durch die Höhe der Ausgaben nicht nur die Produktion, sondern auch die Höhe der Beschäftigung bestimmt. Unfreiwillige Arbeitslosigkeit ist also die Folge zu geringer Ausgaben für Güter und Dienstleistungen. Sie kann durch höhere Ausgaben beseitigt werden. Die Nachfrage erhöht sich, weil mehr Geld als vorher ausgegeben wird. Doch woher kommen diese zusätzlichen Ausgaben? Bei unserem modernen Geldsystem unterscheiden wir zwischen *Schöpfer des Geldes* und *Nutzer*innen des Geldes*.

Ein historisches Beispiel soll den Zusammenhang verdeutlichen.[3] In der britischen Kolonie Virginia existierte vor der Unabhängigkeitserklärung sogenanntes Papiergeld. Der Staat zwang die Bürger*innen zu Steuerzahlungen in der eigenen Währung, die als „Noten" (*notes* bzw. *Treasury notes*) bezeichnet wurden. Der Staat ließ Noten drucken und gab sie direkt aus, um sich mit Ressourcen zu versorgen. Über Steuern wurden die Noten wieder eingezogen und – verbrannt! Da der Staat neue Noten drucken konnte, war er auf die alten Noten nicht angewiesen. Unternehmen und Haushalte hingegen sind Nutzer*innen des Geldes. Sie brauchen Einnahmen, bevor sie Ausgaben tätigen.

4.2   Der Einkommenskreislauf

Aus gesamtwirtschaftlicher Sicht ist das Ziel des Wirtschaftens die Erstellung von Gütern und Dienstleistungen und deren Verteilung. Abb. 4.1 erklärt den Geld- bzw. Einkommenskreislauf. In einer Geldwirtschaft konsumieren die Bürgerinnen und Bürger nicht das, was sie produzieren. Dies wäre aufgrund der Arbeitsteilung nicht wünschenswert. Für unsere Arbeit bekommen wir Einkommen in Form von Geld. Damit können wir uns das kaufen, was wir gerne hätten. Im Zentrum des Kreislaufs befindet sich der Konsum, um den sich letztlich alles dreht. Geld ist für

---

[3] Vgl. Grubb, Farley. 2018. Colonial Virginia's paper money, 1755–1774: value decomposition and performance, *Financial History Review* 25(2), S. 113–140.

Abb. 4.1 Wirtschaftspolitik und Einkommenskreislauf. (Quelle: eigene Abbildung, mit Dank an Nathalie Freitag)

die Haushalte nur Mittel zum Zweck, nämlich der Befriedigung von Bedürfnissen (Konsum). Auch für die Unternehmen ist Geld nur Mittel zum Zweck, nämlich der Erzielung von Gewinnen. Der Staat nutzt Geld zum Zugriff auf Ressourcen, die er zur Ausführung seiner Aufgaben braucht.

Ausgaben werden dadurch getätigt, dass Geld ausgegeben wird. Wie Abb. 4.1 deutlich macht, gibt es drei wesentliche Quellen und Abflüsse des Geldes. Diese sind:

- Staatsausgaben und Steuern
- Investitionen und Ersparnis
- Exporte und Importe

Zusätzliche Einkommen kann der Staat schaffen, wenn er mehr Geld ausgibt. Auch die Unternehmen und Haushalte können ihre Ausgaben erhöhen. Dazu nehmen sie einen Kredit bei einer Bank auf oder verkaufen Anleihen. Das Geld geben sie aus, wodurch sie zusätzliche Einkommen schaffen. Als letztes kann auch das Ausland auf die inländische Wirtschaft einwirken. Exporte, welche Nicht-Inländer mit ihrem Geld bezahlen (egal in welcher Währung), erhöhen die Einkommen der Inländer.

Geld kann allerdings auch aus dem Kreislauf abfließen. Dies geschieht u. a. dann, wenn Haushalte oder Unternehmen sparen. Damit legen sie Geld still – ihre Einkommen führen dann nicht mehr zu Ausgaben. Das Ziel des Sparens kann die Vermögensbildung sein, aber auch der Abbau von Schulden. In letzterem Fall verschwindet das Geld für immer. Dies ist auch der Fall, wenn der Staat Steuern einzieht. Damit ist das Geld dem Kreislauf permanent entzogen. Lediglich eine temporäre Lücke entsteht bei der Bezahlung von Importen. Nun landet das Geld auf dem Konto von Nicht-Inländern. Ob diese ihr Einkommen sofort wieder für inländische Güter verausgaben, ist höchst ungewiss.

Der Einkommenskreislauf wird sich schnell drehen, wenn viele Ausgaben getätigt werden. Unternehmen investieren fleißig, die Regierung gibt viel Geld aus (auf allen Ebenen) und der Rest der Welt möchte immer mehr von unseren Exportgütern kaufen – wenn ein bis zwei dieser Umstände erfüllt sind, werden die Unternehmen ihre Produktion hochfahren. Sie können alles absetzen, was sie produziert haben. Wenn sie mehr Rohstoffe und mehr Arbeit kaufen, kann es sein, dass der ein oder andere Preis bzw. Lohn steigt. Steigerungen der Kosten können die Unternehmen sehr einfach überwälzen an die Konsument*innen, indem sie die Preise ihrer Waren und Dienstleistungen erhöhen. Wenn das in vielen Unternehmen gleichzeitig passiert, kann es sein, dass dann auch die Inflationsrate ansteigt.

Alternativ werden wirtschaftlich schwache Zeiten mit wenig Ausgaben der drei Sektoren (Haushalten und Unternehmen, Staat und Rest der Welt) dazu führen, dass die Inflationsraten gering sind. Da die Unternehmen nicht ihre ganze Produktion verkaufen können, reduzieren sie die Preise. Schließlich brauchen sie Geld, um ihre Schulden zurückzahlen zu können. Der Kreislauf schwächelt. Wenn nicht genügend Arbeitsplätze vorhanden sind, dann müssen zwangsläufig einige Arbeitssuchende ohne Arbeit bleiben. Das ist dann nicht Schuld der Arbeitssuchenden. Schuld ist die zu geringe Menge an angebotenen Arbeitsplätzen. Da man Arbeit nicht sparen kann – wer ein Jahr nicht arbeitet kann im zweiten Jahr nicht doppelt so viel arbeiten – wäre es wohl sinnvoll, mehr Arbeitsplätze zu schaffen.

Wirtschaftspolitische Instrumente
In wirtschaftlich schwachen Zeiten ist das aber nicht der Fall. Nur höhere Ausgaben würden die Unternehmen dazu veranlassen, ihre Produktion wieder auszuweiten. Dazu stehen einem modernen souveränen Staat drei Instrumente zur Verfügung:

- Geldpolitik (Leitzins)
- Fiskalpolitik (Staatsausgaben, Steuersätze)

- Handelspolitik (Wechselkurs, ggf. Löhne)

Diese drei Instrumente sollen den Staat in die Lage versetzen, auf sogenannte Schwankungen der Konjunktur reagieren zu können. Sie sollen zudem helfen, Ziele wie Vollbeschäftigung, Preisstabilität und nachhaltiges Wirtschaften zu erreichen.

Wirtschaftspolitik auf Grundlage der MMT 5

Die MMT ist eine theoretische Linse, durch die wir das Geldsystem aus der Sicht des Staates betrachten. Der Fokus liegt dabei auf der Nutzung von Geld zur Ausstattung des Staats mit Ressourcen. MMT beschreibt, wie Geld erzeugt und wie es wieder aus dem Kreislauf herausgezogen wird. MMT ist *kein* wirtschaftspolitisches Programm. MMT lässt sich nicht „anwenden" oder „ausprobieren". Daher sind sämtliche Ideen, wie der Staat seine Wirtschaftspolitik ausrichten sollte, nicht Teil des Kerns von MMT. Dieser beschreibt die Buchungen im Geldsystem, welche durch die Beschreibung von Institutionen mithilfe von Bilanzen erklärt werden. Darauf lässt sich der Entwurf einer Wirtschaftspolitik aufbauen. Schließlich beschäftigen wir uns mit dem Geldsystem nicht aus Langeweile. Wir hoffen, dass ein Verständnis desselben uns helfen kann, soziale Probleme in unserer Gesellschaft lösen zu können oder neue Bausteine hinzuzufügen, die zu einer Steigerung des Gemeinwohls führen. Insofern sind die folgenden Ideen inspiriert von einem Verständnis des Geldsystems im Sinne der MMT zu verstehen, nicht aber als zugehörig zum harten Kern.

Aufgabe staatlicher Wirtschaftspolitik ist es, die Wirtschaft im Aufschwung abzubremsen und im Abschwung wieder in Gang zu bringen. Preisstabilität (niedrige Inflation) und Vollbeschäftigung sind keine automatischen Eigenschaften einer Wirtschaft, sondern bedürfen der bewussten Regulierung. Minsky (2008) betont dabei die Wirtschaftspolitik des Abschwungs mit einem parallelen Eingreifen von Zentralbank („Big Bank") und Regierung („Big Government"). Die Zentralbank sorgt dafür, dass die Zinsen niedrig sind und die Banken sowie der Staat zahlungsfähig bleiben (siehe nächstes Kapitel). Damit verhindert die Zentralbank das Problem eines *bank run*. Ein solches im Deutschen als Schaltersturm bezeichnetes Ereignis findet dann statt, wenn die Kund*innen einer Bank Zweifel haben an der Zahlungsfähigkeit dieser. Sie wollen daher ihr Geld abheben bevor nichts mehr da ist. Die Zentralbank kann aber den Banken gegen Sicherheiten

D. Ehnts, *Modern Monetary Theory*, essentials,
https://doi.org/10.1007/978-3-658-36488-5_5

soviel Bargeld leihen, wie nötig ist, um den Schaltersturm abzuwehren. Zudem sorgt auch die Einlagensicherung des Staates dafür, dass ein *bank run* in heutigen Zeiten kein Problem mehr darstellt.

Die Bundesregierung („Big Government") hingegen stellt sicher, dass sie durch ihre Ausgaben entsprechende Einnahmen bei Haushalten und Unternehmen erzeugt, welche die bestehende Schuldenstruktur stabilisiert. Wenn die Haushalte Immobilienkredite und Hypotheken zurückzahlen müssen, dies aber aufgrund von Arbeitslosigkeit nicht können, dann kollabiert das Finanzsystem. Der Staat erhöht also mit seinen Ausgaben Einkommen und Beschäftigung und somit indirekt auch die Nachhaltigkeit des Finanzsystems, verstanden als Grad der Schuldentragfähigkeit. Zusätzlich erzeugen die Ausgaben neue Staatsanleihen, in denen gespart werden kann, ohne dass die Anleger*innen mit Verlusten rechnen müssen.

5.1   Wie sorgen wir für Vollbeschäftigung?

Wie soll nun eine Politik der Nachfragestabilisierung aussehen? Wie kann es der Staat schaffen, dass sowohl Vollbeschäftigung wie auch Preisstabilität herrschen? Die erste Einsicht ist die, dass die Veränderung der Anzahl der Arbeitsplätze in der Privatwirtschaft davon abhängt, ob die Unternehmen ihre produzierten Güter und Dienstleistungen absetzen können oder nicht. Sind die Ausgaben der Nachfrager*innen von Gütern und Dienstleistungen so hoch, dass alles verkauft werden kann, werden die Unternehmen im nächsten Monat/Quartal/Jahr dieselbe Menge produzieren wie bisher. Neue Arbeitskräfte werden nicht benötigt. Steigt die Produktivität, kann derselbe Output sogar mit weniger Arbeitskräften produziert werden. Liegt aber die Nachfrage über dem Angebot, werden die Lager geleert und einige Konsumentinnen und Konsumenten werden leer ausgehen. Es gibt mehr Nachfrage als Angebot da ist. Da die Unternehmen üblicherweise mit jedem verkauften Stück einen Gewinn erzielen, werden sie ihre Produktion ausweiten, um höhere Gewinne erzielen zu können. Auch eine Preiserhöhung wäre möglich.

Andersherum würde eine Nachfrage, die unter dem Angebot liegt, dazu führen, dass die Produktion der Unternehmen nicht verkauft wird. Das wäre für die Unternehmen ein Problem, denn üblicherweise finanzieren sie ihre Produktion. Sie geben erst Geld aus, was sie sich häufig leihen, kaufen dann Rohstoffe, Energie, Arbeit und andere Ressourcen ein und produzieren. Erst dann können sie ihre Güter und Dienstleistungen verkaufen. Bleiben sie auf einem Teil der Produktion sitzen, können sie ihre Kredite nicht zurückzahlen. Sie sind gezwungen, die Preise zu senken. Zudem werden sie zukünftig weniger produzieren und Arbeitskräfte freisetzen.

Die staatlichen Arbeitsplätze sind hingegen nicht direkt abhängig von der Entwicklung der Nachfrage. Das Personal in Schulen, Universitäten, bei der Polizei und in der Justiz, bei Bundeswehr und Zoll reagiert nicht auf Veränderungen der Kaufkraft. Dies bedeutet, dass Schwankungen der Arbeitslosigkeit schlussendlich durch Schwankungen der Kaufkraft zustande kommen, welche die Anzahl der Arbeitsplätze im privaten Sektor verändert. Wer Vollbeschäftigung erreichen möchte, der muss die Nachfrage (also die Kaufkraft) stabilisieren.

Stabilisierung der Nachfrage
Zur Stabilisierung der Nachfrage können die staatlichen Ausgaben und Einnahmen (Steuern) variiert werden. Ist die gesamtwirtschaftliche Nachfrage nach Gütern und Dienstleistungen zu niedrig, können staatliche Ausgaben erhöht werden. Ist sie zu niedrig, kann der Staat seine Ausgaben reduzieren. Theoretisch können auch Steuersätze verändert werden. Allerdings sind Steuererhöhungen für die gesamte Bevölkerung unpopulär und daher kein gutes makroökonomisches Instrument. Zudem bestimmt der Staat nur die Steuersätze und nicht die absolute Höhe der Steuern.

Das bestehende Steuersystem stabilisiert die Nachfrage. Wer weniger verdient, zahlt einen geringeren durchschnittlichen Steuersatz. Damit sinkt die Steuerlast, wenn Einkommen sinken. Dies stabilisiert die Nachfrage und damit die Wirtschaft. Wer mehr verdient, zahlt einen höheren Steuersatz. Hier reduziert der Staat Kaufkraft. Läuft die Wirtschaft auf vollen Touren, sind die Steuereinnahmen hoch. Bei stabilen Staatsausgaben führt dies dazu, dass der Staat mehr Geld aus der Wirtschaft zieht (über Steuern) als er über seine Ausgaben hinzufügt. Der monetäre Überschuss des Staates entspricht dabei genau einem Defizit von allen anderen (Haushalte, Firmen und Rest der Welt). Wenn der Staat eine sogenannte „schwarze Null" aufweist, dann bedeutet das ein Defizit für uns. Wir zahlen mehr an Steuern, als wir an Staatsausgaben empfangen. Damit sinkt unser Geldvermögen, die Nachfrage reduziert sich. Andersherum wird in schlechten Zeiten der Staat ein Defizit ausweisen, weil die Steuereinnahmen einbrechen (bei konstanten Staatsausgaben). Die geringeren Einkommen führen zu niedrigeren Steuerzahlungen, der Staat kompensiert also teilweise den Fall der Einkommen. Somit ist mehr Einkommen vorhanden als ohne das Steuersystem.

Automatische Stabilisatoren: Beschäftigung
Institutionelle Regeln, die für eine Stabilisierung der Nachfrage sorgen, nennen wir
automatische Stabilisatoren. Das Sozialsystem gehört ebenfalls zu den automatischen Stabilisatoren. Wer arbeitslos ist, bekommt Arbeitslosengeld und später Hartz
IV. Damit wird die Kaufkraft stabilisiert, die sonst extremer schwanken würde. In
einer idealen Welt reichen die automatischen Stabilisatoren aus, um die Wirtschaft
zu steuern. In Zeiten des Aufschwungs ziehen sie automatisch Kaufkraft aus dem
Wirtschaftskreislauf heraus, sodass der Nachfragedruck nicht zu groß wird (und sich
in Knappheiten und Preissteigerungen niederschlägt). In Zeiten des Abschwungs
wird Kaufkraft hinzugeschossen, sodass die Beschäftigung stabilisiert wird.

Über die automatischen Stabilisatoren hinaus kann der Staat auch spontan tätig
werden und seine Ausgaben erhöhen oder reduzieren. Dies nennen wir „diskretio-
näre" Wirtschaftspolitik, weil die Regierung entscheidet. Reichen die automatischen
Stabilisatoren nicht aus, kann es sein, dass die Wirtschaft in einen sich selbst
verstärkenden Prozess gerät. Gerade im Abschwung kann es böse enden. Mehr
Arbeitslosigkeit führt zu weniger Nachfrage, was wiederum die Unternehmen dazu
veranlasst, ihre Produktion zu reduzieren. Somit steigt die Arbeitslosigkeit weiter
und wir geraten in eine Spirale, die nach unten führt. Deflation kann alles noch ver-
schlimmern, denn geringere Preise sorgen für geringere Gewinne. Unternehmen, die
keine Gewinne machen, werden ihre Produktion noch stärker einschränken. Daher
sollte Deflation vermieden werden. Im Aufschwung kann es zu einem inflationären
Prozess kommen. Sollte das Angebot an Arbeitskräften unter der Nachfrage liegen,
kann dies zu starkem Lohnwachstum führen. Die Unternehmen geben die gestiege-
nen Kosten über höhere Preise weiter. Die steigende Inflation führt dann zu höheren
Lohnforderungen, was zu einem Teufelskreis führt. Allerdings haben wir einen der-
artigen Prozess in den westlichen Ländern seit mehr als einem halben Jahrhundert
nicht gesehen. (Die aktuell leicht erhöhte Inflation hat hiermit nichts zu tun, da
höhere Löhne aktuell – Dezember 2021 – keine Rolle spielen).

Makroökonomische Wirtschaftspolitik auf Grundlage eines Verständnisses von
MMT würde die automatischen Stabilisatoren stärken. Eine Jobgarantie könnte
zudem eingeführt werden, um echte Vollbeschäftigung zu erreichen. Darüber hinaus
kann der Staat durch ein Vorziehen bzw. in die Zukunft verschieben seine Ausgaben
variieren, um die Nachfrage zu stabilisieren. Die Aufgabe der Europäischen Zentralbank ist es, den Zins zu stabilisieren, was sie problemlos erreichen kann. Seit
einigen Jahren steht der Leitzins bei Null. Auch zur Preisstabilität kann der Staat
beitragen, was im nächsten Kapitel behandelt wird.

Konkret würde also eine (von vielen möglichen) auf MMT basierte Wirtschaftspolitik so aussehen, dass in Zeiten von zu hoher Nachfrage der Staat seine Ausgaben
nach hinten verschiebt und versucht, das Lohnwachstum zu begrenzen, z. B. indem

er die Löhne der Beschäftigten im staatlichen Sektor schwächer erhöht als vorher. Ebenso kann der Staat durch eine Veränderung der Regulierung der Banken eingreifen, indem er die Kreditschöpfung in Bereichen der Wirtschaft einschränkt, die „heiß laufen". Er kann auch andere Maßnahmen ergreifen, welche dazu führen, dass die Bürgerinnen und Bürger heute weniger Geld ausgeben. Beispielsweise kann er Preise für Dienstleistungen erhöhen, die er anbietet (ÖPNV, Bahn, Freibäder, etc.). Er kann auch durch Regulierung die Marktstrukturen verändern, um über mehr oder weniger Wettbewerb die Preise zu stabilisieren.

Arbeitslosigkeit in Zahlen

Arbeitslosigkeit wird in absoluten Zahlen oder als Anteil an der erwerbstätigen Bevölkerung gemessen. Die entsprechenden Statistiken sind aber eine Sache für sich und durchaus mit Vorsicht zu genießen. Staatliche Behörden stellen mit ihnen dem Staat ein Zeugnis seiner Wirtschaftspolitik aus. Ein objektives Zeichen für Vollbeschäftigung wären stark steigende Erwerbseinkommen, wenn die Unternehmen um Arbeitskräfte konkurrieren. Abb. 5.1 zeigt, dass wir auch vor dem Wirtschaftseinbruch in Folge der Rezession und dann der Corona-Pandemie keine Vollbeschäftigung hatten.

Das ungenutzte Arbeitskräftepotential betrug 2018 mehr als 4,4 Mio. Personen, also mehr als 10 % der gesamten Erwerbspersonen.

61,9 Mill. Personen im Alter von 15 bis 74 Jahren					
42,2 Mill. Erwerbspersonen			18,3 Mill. Nichterwerbspersonen		
42,2 Mill. Erwerbstätige	1,4 Mio. Erwerbslose	0,9 Mio. in Stiller Reserve		18,3 Mio. sonstige Nichterwerbspersonen	
2,1 Mio. Unterbeschäftigte		0,4 Mio. suchend, aber nicht verfügbar	0,5 Mio. verfügbar, aber nicht suchend	1,2 Mio. mit Arbeitswunsch	16,2 Mio. ohne Arbeitswunsch
1,0 Mio. Vollzeit	1,1 Mio. Teilzeit				
ungenutztes Arbeitskräftepotenzial: 4,4 Mio. Personen					

Abb. 5.1 Ungenutztes Arbeitskräftepotenzial 2019. (Quelle: https://www.destatis.de/DE/Presse/Pressemitteilungen/2020/10/PD20_397_13231.html)

5.2   Wie sorgen wir für Preisstabilität?

Die übliche Inflationsrate misst die Veränderung der Preise von Konsumgütern bezogen auf einen bestimmten recht willkürlich gewählten Warenkorb. Da viele Produkte sich technisch weiterentwickeln, gehen in die Preisstatistik nicht immer die tatsächlichen, sondern um den geschätzten technischen Vorteil verminderte Preise, ein – auch diese Statistik ist z. B. im Hinblick auf die tatsächliche Mehrbelastung von Haushalten durch Preiserhöhungen mit Vorsicht zu genießen. Es handelt sich um einen Durchschnitt, der nicht dazu geeignet ist, die tatsächliche Veränderung der Kaufkraft einzelner Haushalte abzubilden. Neben der Arbeitslosigkeit ist meist auch die Inflationsrate ein Ziel der Wirtschaftspolitik. Diese misst die Preisänderung eines Warenkorbs, meist den von Konsumgütern. Verteuert sich der Warenkorb, so spricht man von Inflation. Sinkt der Preis des Warenkorbs, so erleben wir Deflation.

Wichtig ist die Erkenntnis, dass der Anstieg eines Preises noch nicht bedeutet, dass es zu Inflation kommt. Schließlich kann ein anderes Gut billiger werden. Wenn also Butter teurer wird, kann es durchaus sein, dass Äpfel gleichzeitig billiger werden und dadurch der Preis des Warenkorbs unverändert bleibt. Die Preise werden von den Unternehmen gemacht und basieren auf den Kosten. Je nach Situation können es sich die Unternehmen erlauben, einen ordentlichen Gewinnaufschlag auf die Preise draufzuschlagen.[1]

An dieser Stelle können wir auch festhalten, dass die Preisveränderungen letztlich Folgen von Kostenveränderungen sind. Insbesondere die Kosten der Arbeit – Gehälter und Löhne – schlagen sich in Preisen nieder. Wenn diese Kosten steigen, dann können die Unternehmen entweder bei gleichen Preisen weniger verdienen oder aber sie erhöhen die Preise, um die Gewinne zu stabilisieren. Normalerweise machen die Unternehmen letzteres, da sie laufend Schulden und Zinsen zu tilgen haben und eine Reduktion des Gewinns zu allen möglichen üblen Nebenwirkungen führen kann (höhere Zinsen, niedrigerer Aktienkurs, etc.).

Inflation in Deutschland
Inflation entsteht aus unterschiedlichen Gründen. In modernen industrialisierten Gesellschaften verändern sich die Preise u. a. dann, wenn die Löhne schneller wachsen als die Produktivität. (Dies bedeutet, dass die Lohnstückkosten steigen).

---

[1] Die Unternehmen passen die Preise nur selten an, ähnlich wie die Preise in einem Restaurant nur selten angepasst werden, obwohl die Preise der Zutaten am Großmarkt sicherlich täglich schwanken.

Grob gesagt fallen der Anstieg der Lohnstückkosten, der Überschuss der Lohnzuwächse über den Produktivitätszuwachs und die Inflationsrate oft sehr ähnlich
aus und haben die gleichen Wendepunkte. Die Preise können aber auch dann steigen, wenn Unternehmen ihre Marktmacht ausnutzen. Dies ist beispielsweise der
Fall, wenn Pharmaunternehmen ihre Preise erhöhen, weil sie wenig oder gar keine
Konkurrenz haben und die Regulierung ihnen dies nicht untersagt.

Abb. 5.2 zeigt nun die Inflationsrate (schwarze Linie) und die Veränderung der
Lohnstückkosten (gestrichelte Linie). Die Differenz der beiden schwankt um null.
Sie überschreitet +2 und −2 % nur selten. Die Veränderung der Lohnstückkosten
ist also eine gute Annäherung an die Inflationsrate. Die Logik verläuft dabei wie
folgt: Steigen die Löhne stärker als die Produktivität, dann wachsen die Ausgaben
der Lohnempfänger*innen schneller als die Größe des Kuchens. Wenn letzter um
2 % wächst, die Löhne aber um 4 % durchschnittlich ansteigen, dann würden die
Unternehmen die Preise um 2 % anheben können und trotzdem noch alles verkaufen.
Im Durchschnitt und über die Zeit beschreibt dies relativ genau die Inflationsrate
bzw. deren Veränderung.

Bevor die Inflation erklärt wird, ist noch interessant, woher denn überhaupt das
Preisniveau kommt. Wieso kostet ein Kaffee ein oder zwei Euro und nicht einhundert
oder eintausend Euro? In Italien kostete zu Lira-Zeiten ein Espresso schon fast
Tausend Lira, warum ist es jetzt mit dem Euro nur noch etwa ein Euro? Klar ist,

Abb. 5.2 Veränderung von Lohnstückkosten (gestreift) und Inflation (schwarze Linie)
in Deutschland, in Prozent. (Quellen: OECD, „Main Economic Indicators – complete
database", Main Economic Indicators (database), https://doi.org/10.1787/data-00052-en,
Early Estimate of Quarterly ULC Indicators: Total Labor Productivity for Germany
[ULQELP01DEQ657S] und Consumer Price Index of All Items in Germany [DEUCPI-
ALLMINMEI], abgerufen von der FRED, Federal Reserve Bank of St. Louis, Zugriff am
20.09.2021)

dass die Zahl vor der Währung nichts darüber aussagt, ob ein Gut teuer oder billig ist. Um die Kaufkraft einschätzen zu können, müssen wir wissen, wie einfach wir an die Währung kommen.

Wenn wir pro Stunde 1,5 Währungseinheiten verdienen, dann erwarten wir andere Preise, als wenn wir 8000 Währungseinheiten pro Stunde verdienen. Im Wesentlichen ist es also die Festlegung der Löhne in der Währungseinheit, welche das Preisniveau einer Währung verankert. Eine große Rolle spielt dabei der Staat mit den Löhnen, die er seinen Bediensteten im öffentlichen Dienst zahlt. Unternehmen müssen höhere Löhne bieten, um Arbeitnehmer*innen davon zu überzeugen, im privaten Sektor zu arbeiten. Denn während der Staat oft unbefristete Arbeitsverhältnisse bietet, sind die Arbeitsplätze in den privaten Unternehmen immer mit Unsicherheit behaftet. Ein Unternehmen könnte ja Pleite gehen und dann wäre der Arbeitsplatz weg.

Die Unternehmen können sich zwar über mehr Verschuldung Geld leihen und höhere Löhne zahlen, langfristig aber muss das auch zu höheren Gewinnen führen. Tut es das nicht, werden die Unternehmen die Löhne auf das Niveau absenken, von dem sie sich Profite erwarten. Ein Problem bei zu hohen Löhnen wäre, dass der Staat über stetig steigende Steuereinnahmen immer mehr Geld aus dem Kreislauf zieht, welches den Unternehmen nicht mehr als Profit zur Verfügung steht. Der Staat hat über die Gehälter und Löhne der staatlichen Angestellten also ein wichtiges Wörtchen mitzureden, wenn es um Lohnsteigerungen geht.

Preisstabilität erzeugen

Wie wir gesehen hatten, hängt die Inflationsrate im Wesentlichen von der Veränderung der Lohnstückkosten ab. Staatliche Ausgaben können dazu führen, dass die Löhne schneller steigen. Da, wo der Staat zusätzliche Arbeitskräfte einstellt, kann es dazu kommen, dass Arbeitskräfte knapp werden. Der Staat kann dann nur zusätzliche Arbeitskräfte einstellen, wenn er die Löhne aus dem privaten Sektor überbietet. Geschieht dies in einem größeren Ausmaß, kann dies inflationär wirken. Insbesondere ist dies dann der Fall, wenn die Löhne für gering qualifizierte Arbeit steigen und die anderen Sektoren gezwungen sind, ihrerseits die Löhne anzuheben, um nicht eine Abwanderung der eigenen Arbeitskräfte in andere Sektoren mitanschauen zu müssen. Die höheren Löhne können die Unternehmen verkraften – sie erhöhen einfach die Preise. Und wenn alle das tun, dann sehen wir auch eine höhere Inflation.

Der Staat kann auch direkt die Löhne beeinflussen, da er im öffentlichen Sektor auch als Arbeitgeber auftritt. Sollte er Lohnsteigerungen durchsetzen, die höher oder niedriger sind als der Durchschnitt der letzten Jahre, dann wird die Inflationsrate tendenziell steigen oder sinken. Zudem kann der Staat über staatliche Preise die

Inflationsrate beeinflussen, wenn er z. B. die Eintrittspreise von Museen, die Beiträge zu den Sozialversicherungen oder die Kfz-Steuern oder andere Preise erhöht. Wichtig ist auch hier die Einsicht, dass der Staat Geld nur braucht, um Ressourcen zu bewegen. Gehen einzelne Preise hoch, dann kann der Staat Einfluss auf das Angebot nehmen. Sollten z. B. Ingenieure knapp werden, kann der Staat Geld für zusätzliche Studienplätze ausgeben und so mittelfristig den Lohndruck reduzieren. Löhne und Preise sind in einigen Sektoren der Wirtschaft Anzeiger für Knappheit, aber die Knappheit ist angebotsseitig und kann zumindest im Bereich der Löhne durch eine entsprechende Bildungspolitik beseitigt werden.

Automatische Stabilisatoren: Preisstabilität
Makroökonomisch gesehen werden steigende Preise und Löhne dazu führen, dass mehr Geld ausgegeben wird. Da Preise immer auch einen Anteil an Steuern enthalten – u. a. die Mehrwertsteuer – werden die Steuereinnahmen dann steigen. Damit wird den Haushalten und Unternehmen automatisch Geld entzogen, wenn im Aufschwung die Inflationsrate steigt. Gleichzeitig sinken in guten Zeiten die staatlichen Zahlungen des Sozialsystems, während sie in schlechten Zeiten ansteigen. Diese Mechanismen werden auch als „automatische Stabilisatoren" bezeichnet. Auch steigende Einkommen bei den Haushalten und steigende Gewinne bei Unternehmen führen dazu, dass mehr Geld an den Staat abgeführt wird. Da dieser seine Ausgaben unabhängig von den (erst im Laufe des Jahres erzielten) Einnahmen festlegt, wird es zu geringeren staatlichen Defiziten oder sogar (steigenden) Überschüssen kommen. Dadurch wird Kaufkraft stillgelegt, die Nachfrage nach Gütern wird reduziert. So wird auch die Produktion sinken und die Nachfrage nach Arbeit. Letztlich wird das dann auch die hohen Lohnsteigerungen beenden.

In seinem Buch „How to Pay for the War" beschreibt der englische Ökonom John Maynard Keynes im Jahr 1940 die Möglichkeiten, die sich England in der Kriegswirtschaft bieten. Da Ressourcen aus der Produktion von Konsumgütern abgezogen werden müssen, um sie in der Produktion von Kriegsgütern zu nutzen, muss die Massenkaufkraft gesenkt werden. Geschieht das nicht, werden die Engländer feststellen, dass sie mit den alten Einkommen jetzt nicht mehr die Produktion nachfragen können. Diese hat sich stark reduziert. Dieses Problem wird uns beim Umbau der Gesellschaft ebenso treffen. Wenn wir Ressourcen brauchen für den Green New Deal (GND), dann müssen die irgendwo herkommen. Anfangs können Arbeitslose eingestellt werden, aber irgendwann wird es dazu kommen, dass Arbeitskräfte aus anderen Sektoren abgeworben werden müssen.

Steuern und Staatsanleihen zusammen
Geschieht dies über höhere Löhne, dann werden die Unternehmen die Preise erhöhen, es folgt eine Inflation. Eleganter wäre es, die beiden Instrumente Steuern und Staatsanleihen zu nutzen, um die Inflationsraten mehr oder weniger konstant zu halten. Steuern reduzieren dabei direkt die Kaufkraft der Betroffenen und setzen so Ressourcen frei, die zum herrschenden Preis vom Staat gekauft werden können. Allerdings werden höhere Steuern meist (zumindest teilweise auch zurecht) als Enteignung empfunden und die Menschen sind nicht damit einverstanden. Daher wäre die zweite Möglichkeit eleganter, den Menschen die Kaufkraft heute zu entziehen mit dem Versprechen, dass es morgen mehr Kaufkraft zurückgibt.

Wenn die Bürgerinnen und Bürger ihr Einkommen dazu nutzen, verzinste Staatsanleihen zu kaufen, dann sorgt auch dies dafür, dass Einkommen stillgelegt wird und damit Ressourcen freigesetzt werden. Die Einschränkungen des Konsums heute werden dann verbunden mit einer Erhöhung des Konsums morgen. Für die Betroffenen wäre das eine deutlich angenehmere Perspektive als ein Entzug des Einkommens durch zusätzliche Steuern.

Dazu kann die Regierung Inflation auch bekämpfen, indem sie Verbote ausspricht und dadurch Güter aus der Wirtschaft entfernt, deren Konsum unerwünscht sind. Z. B. könnten nach dem Ausbau des Schienennetzes der Deutschen Bahn in Deutschland Inlandsflüge verboten werden, statt sie zu besteuern. Bei der Besteuerung würden die Flugpreise steigen, was die Inflation tendenziell erhöht. Beim Verbot entfallen Inlandsflüge aus dem Konsumentenpreisindex, was das Preisniveau unverändert lässt.

Die Regierung kann auch die Preise für den ÖPNV deutlich reduzieren, indem sie beispielsweise günstige 365-Euro-Jahrestickets einführt. Oder sie reduziert die Steuersätze in Bereichen, die CO_2-neutral wirtschaften. Oder sie stellt kostenlos Güter zur Verfügung, die knappe private Güter verdrängen. Dies könnte u. a. im Wohnungsmarkt zum Tragen kommen, wenn der Staat kommunalen Wohnungsbau im großen Stil betreibt und damit die Mieten reduziert. Wichtig ist, dass bei fallenden Preisen kein zusätzlicher Konsum entsteht, der die Menge an produzierten Konsumgütern erhöht und damit kontraproduktiv wirkt.

5.3   Die Jobgarantie

Der Staat als Schöpfer des Geldes kann dieses in gewünschtem Ausmaß in Umlauf bringen, ohne dass es ihn etwas „kostet". Daraus folgt, dass unfreiwillige Arbeitslosigkeit sehr einfach behoben werden kann. Der Staat gibt einfach mehr

Geld aus. Durch die höhere Nachfrage werden mehr Arbeitsplätze geschaffen, in der privaten Wirtschaft wie auch beim Staat. Die Regierung bestimmt dabei über das genaue Verhältnis und wir als Wähler*innen können der Politik unsere Ideen mitgeben von der von uns gewünschten Aufteilung. Allerdings ist es unwahrscheinlich, dass Staatsausgaben und Steuersätze eine Nachfrage nach Gütern und Dienstleistungen entwickeln, sodass die Unternehmen genau alle Arbeitssuchenden einstellen. Ein paar Menschen werden also unfreiwillig arbeitslos sein. An dieser Stelle tritt die Jobgarantie (JG) auf den Plan.[2]

Die Idee ist, dass der Staat den unfreiwillig Arbeitslosen die Option zur Verfügung stellt, einen am Gemeinwohl orientierten Arbeitsplatz zu bekommen. Gezahlt wird ein gerechter Lohn, der ein gutes Leben ermöglicht. Die Jobgarantie kann von allen in Anspruch genommen werden, die arbeiten können und wollen, aber keinen Arbeitsplatz finden. Niemand ist verpflichtet, die Jobgarantie in Anspruch zu nehmen und alle anderen Sozialleistungen werden beibehalten. Die Arbeit in der Jobgarantie darf nicht mit regulären Arbeitsplätzen aus Privatwirtschaft und öffentlichem Sektor konkurrieren. Auf kommunaler Ebene wird dies durch ein Gremium überwacht, dem Vertreter*innen von Politik und Zivilgesellschaft angehören. Dieses Gremium sorgt auch dafür, dass immer eine größere Anzahl an möglichen Arbeitsplätzen mit entsprechend unterschiedlichen Aufgaben zur Verfügung steht. So haben die Arbeitssuchenden die Möglichkeit, einen für sie passenden Job zu finden. Einige der Arbeitsplätze sollen so gestaltet werden, dass auch halbtags gearbeitet werden kann oder mit einer anderen Stundenzahl als 40 h die Woche.

Die Arbeitsplätze im Rahmen der JG werden nicht anders behandelt als andere Arbeitsplätze auch. Wer nicht zur Arbeit erscheint oder ständig verspätet ist, wird gekündigt. Wer die Ausgaben nicht erfüllt und durch Fehlverhalten auffällt, wird gekündigt. Neben diesen Pflichten gibt es in der JG auch Rechte, nämlich zum Beispiel das Recht auf einen unbefristeten Arbeitsplatz. Dies erhöht die Sicherheit und damit die Freiheit derjenigen, die sonst keinen Arbeitsplatz finden würden. Das Ziel der JG ist dann, dass die Menschen ihren Weg zurück in „normale" Arbeitsverhältnisse finden. Da sowohl in privaten wie auch in öffentlichen Unternehmen höhere Löhne gezahlt werden, gibt es einen starken Anreiz für die Menschen mit JG-Arbeitsplätzen, das JG-Programm möglichst schnell zu verlassen. Auch Unternehmen freuen sich darüber, dass sie jetzt Arbeitnehmerinnen und Arbeitnehmer aus der JG einstellen können, anstatt auf Langzeitarbeitslose zurückzugreifen zu müssen. Damit werden die Unternehmen flexibler und können

---

[2] Vgl. Tcherneva (2021), Forstater und Murray (2013), Ehnts und Höfgen (2019).

gerade im Aufschwung einfacher und in größerer Anzahl produktive Arbeitsplätze schaffen und auch besetzen. Die Jobgarantie wirkt so als automatischer Stabilisator. In schlechten Zeiten fängt sie die Unglücklichen auf, die von steigender unfreiwilliger Arbeitslosigkeit betroffen sind. Damit fallen diese vom Einkommen her nicht auf das Arbeitslosengeld 1 zurück und später auf Hartz IV, sondern können ihr Einkommen auf einem höheren Niveau stabilisieren. Dadurch wird auch die Nachfrage nach Gütern und Dienstleistungen stabilisiert und die Unternehmen werden in Rezessionen oder Depressionen weniger Arbeitskräfte entlassen. Auch die Preise werden stabiler bleiben, da die Unternehmen nun zu den gegebenen Preisen mehr absetzen können und nicht so schnell zu Preissenkungen gezwungen werden. Im Aufschwung wiederum steigen die Einkommen weniger. Wer aus der Arbeitslosigkeit in eine Beschäftigung kommt, der erzielt einen sehr viel höheren Einkommenszuwachs als jemand, der aus der JG in eine Beschäftigung wechselt. Dadurch fällt die Erhöhung der Nachfrage im Aufschwung geringer aus, womit auch die Inflation stabiler bleiben wird.

Die Jobgarantie beseitigt also unfreiwillige Arbeitslosigkeit, welche trotz einer auf Vollbeschäftigung, Preisstabilität und nachhaltige Ressourcennutzung ausgerichtete Wirtschaftspolitik so gut wie immer existiert hat, heute existiert und wohl weiter existieren wird.

Ausblick

6

Nicht zuletzt durch die Corona-Pandemie und ihre wirtschaftlichen Auswirkungen ist uns klar geworden, dass der Staat seine Ausgaben mit *unserem Geld* tätigt. Wir können uns dabei mit *unseren Ressourcen* versorgen, um gesellschaftliche Ziele zu verwirklichen. Dazu gehören die Bereitstellung von öffentlichen Gütern in den Bereichen Bildung und Infrastruktur, Ausgaben zur Förderung des Gemeinwohls und der Bekämpfung des Klimawandels und vieles mehr. Aktuell können in der Eurozone die nationalen Regierungen ihre Ausgaben entsprechend tätigen. Europäische Zentralbank und Europäische Kommission haben dafür gesorgt, dass dies möglich ist.

Die alten Erzählungen von schwarzer Null, schwäbischer Hausfrau und der Finanzierung der Staatsausgaben durch Steuern und Verkauf von Staatsanleihen haben ausgedient. All dies sind keineswegs alternativlose politische Regeln. Wir können sie durch neue Regeln ersetzen, welche die Solvenz der nationalen Regierungen garantieren. Die EZB wäre mit einem entsprechenden Mandat dazu problemlos in der Lage. Damit wäre das Problem der in der Krise fallenden Anleihenpreise in der Eurozone ein für alle Mal beseitigt (Ehnts und Paetz 2021).

Auch die EU-Kommission könnte, wenn wir die Regeln ändern, einfach *unser Geld* ausgeben. Die EZB würde einfach alle Überweisungen tätigen, welche die EU ihr vorlegt. Es ist abstrus, dass sich die EU-Kommission aktuell das Geld von den Finanzmärkten leihen muss – Geld, dass die EZB selbst in Umlauf gebracht hat und welches sie kostenlos und grenzenlos zur Verfügung stellen könnte!

Die Grenze der Wirtschaft ist dabei nicht die Verfügbarkeit von Geld. Dies ist nur ein rechtliches Konstrukt, um Ressourcen zu bewegen. Geld selbst unterliegt keiner Knappheit – es unterliegt lediglich politischen Regeln, welche den Zugriff auf Ressourcen steuern. Diese Regeln lassen sich an die jeweiligen Probleme der Gesellschaft anpassen:

D. Ehnts, *Modern Monetary Theory*, essentials, https://doi.org/10.1007/978-3-658-36488-5_6

▶ Was immer wir produzieren wollen, lässt sich auch finanzieren!

Die Grenze der Produktion liegt in *unseren Ressourcen* begründet. Diese sind erstens begrenzt und zweitens erzeugt deren Verwendung Nebenwirkungen für unsere Umwelt. Dafür tragen wir die Verantwortung. Im heutigen Zeitalter des menschgemachten Klimas, des Anthropozäns, müssen wir entscheiden, welche *unserer Ressourcen* wir in welchem Umfang wofür verwenden wollen. Die Wirtschaft passt sich dabei an die Umwelt an, nicht andersherum.

Vollbeschäftigung, Preisstabilität und Green New Deal
Der Staat hat mit seinem wirtschaftspolitischen Instrumenten – Geld und Fiskalpolitik – wirksame Hebel zur Verfügung, um unsere Ziele zu erreichen. Vollbeschäftigung lässt sich auch bei Nullzins erreichen, wenn nur der Staat seine Ausgaben entsprechend anpasst und eine Jobgarantie eingeführt wird. So erreichen die gesamtwirtschaftlichen Ausgaben permanent ein Niveau, welches die Anzahl der Arbeitsplätze an die Anzahl der Arbeitssuchenden anpasst.

Das wichtigste Projekt der kommenden Jahrzehnte ist dabei ein Green New Deal, also eine sozio-ökologische Transformation. Hier arbeiten staatlicher und privater Sektor zusammen, um den Umbau auf eine umweltverträgliche Wirtschaftsweise voranzutreiben. Das Wachstum des Bruttoinlandsproduktes (BIP) steht dabei im Hintergrund. In der ersten Jahreshälfte 2020 haben wir überall auf der Welt gesehen, dass auch ohne nicht-essentiellen Konsum das Leben lebenswert ist.

Wir brauchen keine Karibik-Kreuzfahrten oder Wochenendreisen nach New York, um ein sinnvolles und selbstbestimmtes Leben zu führen. Es gibt kein Recht darauf, mit dem eigenen Konsum die Lebensgrundlagen anderer zu zerstören. Allerdings resultiert aus weniger Konsum Arbeitslosigkeit, was nicht hinnehmbar ist. Der Staat kann durch zusätzliche Ausgaben diese Arbeitslosigkeit beseitigen.

Eventuell resultierende staatliche Defizite sind gleichbedeutend mit einer Situation, in der Haushalte und Firmen einen Zuwachs an Geld erwirtschaften. Dies ist die andere Seite der Medaille der staatlichen Defizite und bedeutet, dass wir höhere Geldvermögen haben und somit in Zukunft mehr Steuern zahlen können. Modernes Geld ist nichts anderes als eine Steuergutschrift, mit der wir zukünftige Steuerschulden begleichen können.

Eine Entschuldung des Staates ist weder nötig noch sinnvoll. Eine Person oder eine Firma kann Verschuldung zurückzahlen, indem sie Geld an die Gläubiger überweist. Der Staat kann das nicht. Wenn er den Gläubigern Geld überweist, steigen seine Ausgaben und damit seine Schulden. Andersherum sinken seine Schulden, wenn seine Gläubiger oder andere ihre Ausgaben für Steuern erhöhen. Der Staat wird also dadurch entschuldet, dass er mehr einnimmt!

Preisstabilität kann dadurch hergestellt werden, dass der Staat seine Ausgaben an die wirtschaftliche Situation anpasst. Investitionen können nach vorne gezogen werden, wenn die gesamtwirtschaftliche Nachfrage schwach ist. Ist sie hoch, kann der Staat Projekte nach hinten stellen. Oder aber private Investitionen werden nach hinten gestellt, indem die Regulierung eingreift. Dies kann durch eine Änderung der Bankenregulierung ebenso geschehen wie durch das Verbot von Investitionen in Bereichen, die dem Gemeinwohl schaden.

Arbeitszeit und Verteilung

Sollte bei bestehender Arbeitszeit der Konsum einen Ressourcenverbrauch auslösen, der inakzeptabel hoch liegt, kann die Wochenarbeitszeit verkürzt werden. Sie lag Anfang des 20. Jahrhunderts bei ca. 60 h und ist seit Ende des letzten Jahrhunderts auf etwas unter 40 h abgesunken. Es wäre daher einfach vorstellbar, die höhere Produktivität unserer Gesellschaften unter anderem zu einer Reduktion der Wochenarbeitszeit zu nutzen. Eine Vier-Tage-Woche wäre sicherlich ein guter erster Schritt in diese Richtung.

Als letztes sollten wir auch die Verteilung von Einkommen und Vermögen überdenken. Einkommen und Vermögen sollten generell verdient, also erarbeitet, werden. Leistungslose Einkommen hemmen die Arbeitsmoral. Unverhältnismäßig hohe Vermögen erzeugen politische Macht, die mit einem demokratischen System nicht kompatibel ist.

Vorschläge für eine Erbschaftssteuer und eine Vermögenssteuer sollten uns dabei helfen, die Verteilung der Einkommen und Vermögen wieder geradezurücken. Im Ergebnis sollte eine Gesellschaft entstehen, in der die Entwicklung alle Boote nach oben drückt und nicht Einzelne oder gar Gruppen von der gesellschaftlichen Entwicklung ausschließt. Auch Banken und Finanzmärkte müssen so reguliert werden, dass unverdient hohe Einkommen und Vermögen verhindert werden.

Politische Schlussfolgerungen

Das Verständnis des modernen Geldsystems hat politische Auswirkungen. Wir sind als demokratisch verfasste Gesellschaft sehr viel mächtiger, als wir glauben. Wir müssen keinesfalls die Globalisierung passiv über uns ergehen lassen, die Schleifung der Gewerkschaften, die Liberalisierung der Märkte, die Reduzierung der Löhne und des Sozialstaates hinnehmen. Wir können über die Demokratie Einfluss auf unsere Gesellschaft nehmen und auf die Ziele Vollbeschäftigung, Preisstabilität und nachhaltiges Wirtschaften.

Zur Erreichung unserer Ziele sind wir nicht auf die Reichen oder die Steuerzahler*innen angewiesen. Wir brauchen zur Erhöhung der Staatsausgaben keine Steuern. Wir brauchen auch keine Finanzmärkte und Banken, die unseren Staat finanzieren. Wir können ganz einfach die Regeln verändern, wie es jetzt schon in der Krise der Fall gewesen ist. Die nationalen Regierungen geben einfach so viel aus, wie sie für politisch gerechtfertigt halten. Diese Ausgaben werden im Haushalt festgehalten, welcher durch das Parlament angenommen wird. Inflation werden sie nicht erzeugen wollen, denn die ist politisch unbeliebt. Wir entscheiden darüber, wie viel von *unserem Geld* ausgegeben wird. Wir entscheiden über die Verwendung *unserer Ressourcen*. Natürlich werden wir dabei neue Fehler machen, die dann wiederum neue Lösungen erfordern. Radikal jedoch wären ein „weiter so" und der Glaube, dass eine Rückkehr zu Vor-Corona-Zeiten unsere Probleme lösen würde. Wir müssen neue Wege einschlagen, um unsere Gesellschaft für die sozialen und ökologischen Herausforderungen unserer Zeit fit zu machen.

Was Sie aus diesem *essential* mitnehmen können

- Zentralbanken und Regierungen können Geld schöpfen. Banken schöpfen Zahlungsversprechen in Euro.
- Die Zentralbank schöpft Zentralbankgeld. Ihr kann weder das Geld ausgehen, noch kann sie Insolvenz werden. Unterstützt sie ihre Regierung, so kann auch dieser das Geld nicht ausgehen.
- Bevor Steuern gezahlt oder Staatsanleihen gekauft werden können, muss erst staatliches Geld geschöpft werden. Eine „Finanzierung" von Staatsausgaben kann es nicht geben, da der Staat keine Einnahmen erzielen muss, bevor er Ausgaben tätigen kann.
- Staatliches Geld ist für Haushalte und Unternehmen eine Steuergutschrift, deren Akzeptanz durch die Schaffung und Durchsetzung von Steuerverbindlichkeiten gesichert wird.
- Private Schulden sind etwas völlig anderes als die sogenannten Staatsschulden, bei denen es sich um die historische Differenz zwischen Staatsausgaben und Steuerzahlungen handelt.
- Ausgaben erzeugen im Wirtschaftskreislauf Einnahmen in gleicher Höhe, Defizite führen zu Schulden. In der Weltwirtschaft können privater und staatlicher Sektor nicht beide sparen, da der Einnahmenüberschuss des einen der Ausgabenüberschuss des anderen ist.
- Preisstabilität, Vollbeschäftigung und nachhaltige Ressourcennutzung werden durch die Höhe der Staatsausgaben beeinflusst.

Literatur

Clarida, Richard H., Burcu Duygan-Bump, and Chiara Scotti. 2021. „The COVID-19 Crisis and the Federal Reserve's Policy Response," Finance and Economics Discussion Series 2021-035. Washington: Board of Governors of the Federal Reserve System, https://doi.org/10.17016/FEDS.2021.035.

Desan, Christine. 2014. *Making Money: Coin, Currency, and the Coming of Capitalism.* Oxford: Oxford University Press

Earle, Joe, Cahal Moran und Zach Ward-Perkins. 2017. The Econocracy: The perils of leaving economics to the experts. Manchester: Manchester University Press

Ehnts, Dirk. 2008. *Foreign Direct Investment, Linkages and Spillovers in a New Economic Geography Framework.* Hamburg: Bod Verlag

Ehnts, Dirk. 2017. Modern Monetary Theory and European Macroeconomics. London: Routledge

Ehnts, Dirk. 2019. The balance sheet approach to macroeconomics, in: Samuel Decker, Wolfram Elsner, Svenja Flechtner (Hrsg.), *Principles and Pluralist Approaches in Teaching Economics – Towards a Transformative Science*, Basingstoke: Routledge

Ehnts, Dirk. 2020. *Geld und Kredit: Eine €-päische Perspektive.* 4. Auflage. Marburg: Metropolis

Ehnts, Dirk und Erik Jochem. 2020. Why Pufendorf Matters, in: Jürgen G. Backhaus, Günther Chaloupek, Hans A. Frambach (Hrsg.), *Samuel Pufendorf and the Emergence of Economics as a Social Science*, Basel: Springer

Ehnts, Dirk und Maurice Höfgen. 2019. The Job Guarantee: Full Employment, Price Stability and Social Progress, *Society Register* 3(2), S. 49–65

Ehnts, Dirk und Michael Paetz. 2021. COVID 19 and its economic consequences for the euro area. *Eurasian Economic Review* 11, S. 227–249

Forstater, Mathew und Michael J. Murray. 2013. The Job Guarantee – Toward True Full Employment. New York: Palgrave Macmillan

Fullwiler, Scott. 2017. Modern central-bank operations: the general principles, in: Louis-Philippe Rochon und Sergio Rossi, *Advances in Endogenous Money Analysis*, S. 50–87, Cheltenham: Edward Elgar

Grey, Rohan. 2020. Administering Money: Coinage, Debt Crises, and the Future of Fiscal Policy. *Kentucky Law Journal* 109(2), S. 229–298

Heine, Michael und Hansjörg Herr. 2021. *The European Central Bank*. London: agenda publishing
Höfgen, Maurice. 2020. Mythos Geldknappheit: Modern Monetary Theory oder Warum es am Geld nicht scheitern muss, Stuttgart: Schäffer-Poeschel
IWF. 2019. IMF Country report 19/124. Germany: Selected Issues. https://www.elibrary. imf.org/view/IMF002/21505-9781498328524/21505-9781498328524/21505-978149 8328524_A001.xml
Kaboub, Fadhel. 2007. ELR-led Economic Development: A Plan for Tunesia. Levy Economics Institute working paper 499
Kelton, Stephanie. 2020. *The Deficit Myth: Modern Monetary Theory and the Birth of the People's Economy*. New York: Public Affairs
Keynes, John Maynard. 1940. *How to Pay for the War*. London: Macmillan
Keynes, John Maynard. 2017 [1936]. *Allgemeine Theorie der Beschäftigung, des Zinses und des Geldes*. Aus dem Englischen neu übersetzt von Nicola Liebert. Berlin: Duncker und Humblot
Knapp, Georg Friedrich. 1905. *Die staatliche Theorie des Geldes*. Leipzig: Duncker und Humblot
Lerner, Abba. 1943. Functional Finance and the Federal Debt, *Social Research* 10 (1), S. 38–51
Marx, Karl. 1914 [1867]. *Das Kapital: Kritik der politischen Ökonomie*, Band 1, Volksausgabe herausgegeben von Karl Kautsky, Stuttgart: Dietz
Mazzucato, Mariana. 2021. *Mission: Auf dem Weg zu einer neuen Wirtschaft*. Frankfurt: Campus
Minsky, Hyman. 2008. *Stabilizing and Unstable Economy*, New York: McGraw-Hill Education
Mitchell, William und Joan Muysken. 2008. *Full Employment Abandoned: Shifting Sands and Policy Failures*. Cheltenham: Edward Elgar
Mitchell, William. 2017. *Dystopie Eurozone: Gruppendenken und Leugnung im großen Stil.* Berlin: lola books
Mitchell, William und Thomas Fazi. 2017. *Reclaiming the State: A Progressive Vision of Sovereignty for a Post-Neoliberal World*, London: Pluto Press
Mitchell, William, Randall Wray und Martin Watts. 2019. *Macroeconomics*. London: Red Globe
Mosler, Warren. 1995. Soft currency economics. https://econpapers.repec.org/paper/wpa wuwpma/9502007.htm
Mosler, Warren. 1998. Full employment and price stability. *Journal of post-Keynesian Economics* 20(2), S. 167–182
Mosler, Warren. 2017. *Die sieben unschuldigen, aber tödlichen Betrügereien der Wirtschaftspolitik*. Berlin: Lola books
Nersisyan, Yeva und L. Randall Wray. 2021. Has Japan Been Following Modern Monetary Theory Without Recognizing It? Levy Economics Institute working paper 985
Raworth, Kate. 2018. *Die Donut-Ökonomie: Endlich ein Wirtschaftsmodell, das den Planeten nicht zerstört*. München: Hanser
Schumpeter, Joseph. 2006 [1912]. *Theorie der wirtschaftlichen Entwicklung*. Nachdruck der 1. Auflage von 1912. Hrsg. und erg. um eine Einführung von Jochen Röpke und Olaf Stiller. Berlin: Duncker und Humblot

Smith, Adam. 1776. *An Inquiry into the Nature and Causes of the Wealth of Nations.* London: W. Strahan and T. Cadell

Tcherneva, Pavlina. 2021. *Plädoyer für eine Jobgarantie.* Berlin: lola books

Thatcher, Margaret. 1983. Speech to Conservative Party Conference. https://www.margarett hatcher.org/document/105454

Wray, Randall. 2014. *Modern Money Theory: A Primer on Macroeconomics for Sovereign Monetary Systems.* Basingstoke: Palgrave Macmillan

Wray, Randall. 2018. *Modernes Geld verstehen: Der Schlüssel zu Vollbeschäftigung und Preisstabilität.* Berlin: lola books

Printed in the United States
by Baker & Taylor Publisher Services